LES NOUVEAUX PRÉDATEURS

CHARLES-HENRI BACHELIER

ANTISPÉCISTES, MILITANTS VÉGANS, ÉCOLOGISTES RADICAUX…

LES NOUVEAUX PRÉDATEURS

COMMENT ILS MENACENT LES HOMMES SANS PROTÉGER LES ANIMAUX

le cherche midi

Vous pouvez consulter notre catalogue général
et l'annonce de nos prochaines parutions sur notre site :
www.cherche-midi.com

92, avenue de France
75013 Paris

Conception graphique : Justine Dupré
Composition : Nord Compo
Dépôt légal : février 2022
ISBN 978-2-7491-7277-4

SOMMAIRE

PROLOGUE

« Vous ne pouvez pas inscrire cela dans votre CV, c'est n'importe quoi ! » L'admonestation me cueille par surprise et me laisse groggy. Mon parcours académique touche à sa fin, un boulot de rêve – enfin, sur le papier… – m'attend, et je me voyais déjà dégustant une bonne bière fraîche au bar du Bureau des élèves avec mes camarades quand la consultante RH s'est soudain changée en maîtresse de CE2 pour me faire la morale.

Je suis employé depuis l'été précédent par une banque d'affaires américaine à la suite d'un *summer internship* à Londres ; il s'agit de stages de très haute intensité durant lesquels on teste les capacités des apprentis banquiers d'affaires. Une sorte de course de yearlings ! Je suis pourtant revenu sur les bancs de l'École de management (EM) de Lyon finir un master en sciences du management, libellé qui, vous l'avouerez, décoiffe et impressionne !

Lassé par la classe préparatoire et de longues années en école de commerce, je veux en finir, vite et bien, avec ces quelques cours pour augmenter mes compétences en analyse financière, et surtout avec des cursus assez simples à valider : les fameux « validators ». S'y inscrire vaut une validation à la fin du trimestre… Le monde scolaire, je n'en peux plus ! Que la « vraie » vie débute enfin ! C'est ainsi que j'en suis arrivé à suivre un cours afin d'apprendre à construire un curriculum vitae, alors qu'un joli contrat m'attend déjà…

Seulement, ce fameux « validator » tourne au vinaigre. J'essaie de valider trois trimestres en deux pour finir au plus vite et je n'ai aucune marge de manœuvre. Je devrais me taire et écouter ce que l'on vient de me dire, je le sais. Faire amende honorable, platement (« Oui, madame, vous avez raison ! »), mais je trouve la remarque de cette spécialiste en ressources humaines tellement hors de propos que je lui demande de préciser sa pensée. On ne se refait pas…

« Que voulez-vous dire par "n'importe quoi" ?

— Mais, enfin… Vous ne comprenez pas qu'il est absolument rédhibitoire de mentionner la chasse comme loisir ?

— Pardon ?

— Vous allez passer à côté de nombreuses opportunités…

— Pardonnez-moi d'insister, je ne comprends toujours pas pourquoi…

— Enfin ! La chasse n'est pas un loisir... Tuer des animaux ne peut pas être apparenté à un loisir ! »

Abasourdi, j'explique en termes policés à mon interlocutrice que je préfère ne pas être embauché dans une entreprise parce que je suis chasseur, plutôt que de me taire ou de me cacher. J'essaie de lui faire comprendre que cela me définit, que je ne peux pas taire cette passion, ce mode de vie, que je serai nécessairement confondu un jour ou l'autre, que la dissimulation est avant tout la stratégie des faibles... Mais la sanction tombe, impitoyable :

« Alors vous irez expliquer aux recruteurs que faire souffrir les animaux est votre plaisir ! »

Cela dit, cette dame si sûre d'elle n'a pas entièrement tort. Pour moi, comme pour plus de 1 million de Français et 4 millions de détenteurs de permis, la chasse n'a rien d'un loisir : c'est un mode de vie. Dans une sorte de baroud d'honneur, j'essaie de faire comprendre mon point de vue : ceux qui chassent pour faire souffrir finissent en principe assez vite à l'asile ou aux assises. Chasser signifie tout autre chose. Peine perdue. Je vois bien que j'ennuie, je gêne. Je baisse pavillon. Il n'est pas pire sourd que celui qui ne veut pas entendre...

Cette scène date de plus de quinze ans. Je revois très précisément la lumière, l'ambiance, la salle de cours, mais cette dame est devenue un fantôme, le spectre d'une forme de haine qui m'était jusque-là étrangère. Pourtant ce court entretien aura été décisif dans ma vie : il a semé en moi la graine qui a orienté toute la suite de mon parcours.

Les blagues clichés inspirées par un célèbre sketch des Inconnus, je les connaissais. Elles me faisaient d'ailleurs parfois rire. Mais, pour la première fois, je venais de toucher du doigt la haine antichasse, la vraie.

J'hésitais entre révolte et résignation. Je découvrais la discrimination. La pure, la dure, l'arbitraire. La même que certains bas du front appliquent au nom de famille, à la couleur de peau, à l'origine, à la nationalité ou à l'accent.

J'ai raconté cet épisode à des amis, à mon père. Le verdict tombait, à chaque fois, presque unanime : « C'est une conne ! » Soit. Mais cela dit et constaté n'arrangeait rien, ne répondait à aucune question. J'avais besoin de comprendre.

*

Comment a-t-on pu passer en quelques années de la raillerie des sketchs humoristiques à la détestation radicale de la chasse ? Comment sommes-nous passés du « Je n'aime pas, donc cela ne m'intéresse pas » au « Je n'aime pas, je ne veux plus que cela soit » ?

Pour tenter de comprendre, je commence à me documenter. Facebook fait alors son entrée dans le paysage numérique. Les réseaux sociaux ne sont pas encore les monstres qu'ils sont devenus. La mode est aux forums. Pas plus malin qu'un autre, je tape « antichasse » et « chasse et haine » dans la barre de recherche Google. Je tombe sur des forums de chasse, mais aussi dans un univers qui m'est, à l'époque, totalement étranger : celui de l'écoradicalité. Des heures durant, je lis des propos plus violents et absurdes les uns que les autres.

J'entre dans la danse, essaie d'échanger, d'argumenter. Mais je suis banni avec constance. Je comprends assez vite que les membres de ces forums ne sont pas de grands adeptes du dialogue.

Je plonge à nouveau, tête la première, dans la logorrhée antichasse, le royaume de la cynégétophobie. Plus je parcours les propos outranciers proférés dans ces fosses d'aisances publiques (mais souvent anonymes) que commencent à devenir les réseaux sociaux, plus une conviction l'emporte : si ce qui est dit dans les alcôves des forums sur la chasse et sur les agriculteurs – qui en prennent également sérieusement pour leur grade – l'était sur une religion, une couleur de peau, une orientation sexuelle ou un genre, certains excités se retrouveraient au tribunal correctionnel !

Certains raccourcis (qui fleurissent encore de nos jours) sont tout simplement insupportables : « Le chasseur aime les animaux comme le pédophile aime les enfants ! » D'autres se révèlent carrément grotesques, à la frontière du risible : « Les chasseurs affament leurs chiens et les assoiffent trois jours avant la chasse. » C'est bien connu ! Les chasseurs ont sur ce point copié les marathoniens qui ne mangent ni ne boivent trois jours avant leur course pour se donner le courage de parcourir 42 kilomètres avec en vue le Graal derrière la ligne d'arrivée : un sandwich et une boisson énergétique ! Une majorité des arguments déversés ne sont que sophismes et lieux communs.

Peu à peu, je commence à mettre des mots, des concepts sur ce mal. Colère et révolte mûrissent et font place, graduellement, à une détermination, une conviction sans faille : il faut combattre ces idées aux relents totalitaires. Avec quelques amis, je crée une association de jeunes chasseurs afin d'essayer de faire évoluer les points de vue et d'apporter ma pierre à la défense des libertés, au respect des opinions divergentes.

Car je me définis avant tout comme un optimiste et un humaniste. Ce qui ne signifie pas que je ferme les yeux sur les maux de notre temps et les dérives inhérentes à notre mode de vie. Je passe des journées entières en forêt, dans les marais… à y voir les déchets qui s'y amoncellent, je considère comme évident que nos comportements doivent changer. Tout ou presque doit être recyclé, et nous devons penser « durable ». Mais l'instigation d'un nouvel ordre vert, d'un nouveau totalitarisme ne résoudra rien, pas plus que la stigmatisation des ruraux, des chasseurs, des agriculteurs. Et même, ce mouvement pourrait servir de leurre ! En tentant de stigmatiser les ruraux via une propagande mensongère

(« bouchers », « tortionnaires...) et un brouhaha médiatique, on détourne le regard des véritables problèmes...

*

Depuis mon adolescence, je me sais sang-mêlé. Je ne suis ni fou ni malade, simplement différent. Je passe autant de temps dans les beaux quartiers parisiens que dans les bois et les rivières de mon Poitou familial. Ce tiraillement entre mes aspirations professionnelles et culturelles, d'autres que moi l'ont rapidement discerné : « Votre fils devrait être agriculteur, monsieur Bachelier. » Voilà l'avis que formula un jour à mon père le directeur de l'école Saint-Jean-de-Passy à propos de l'enfant de 13 ans que j'étais alors. Cet homme ne s'est pas tellement trompé ! Dix ans plus tard, durant mes études à l'EM Lyon, j'ai simultanément passé un bac pro agricole, spécialité production animale. Me voilà aujourd'hui aussi exploitant agricole. Mon parcours symbolise donc ce double attachement, et un mépris désormais grandissant pour l'intelligentsia parisienne quand celle-ci daigne s'intéresser à la ruralité, cette petite chose périphérique.

À 15 ou 16 ans, il est très désagréable de ne pas savoir où se ranger. Dans toute construction, des fondations solides sont essentielles. J'ai essayé de me débarrasser tour à tour de mon côté rat des villes et de celui de rat des champs. Mais à chaque fois, ma double culture m'a rattrapé. Rien n'y faisait, je demeurais écartelé. Parisien pour les uns, j'étais pour les autres un ovni. Finalement, je me suis rendu à l'évidence : je ne suis ni un urbain ni un rural mais des villes et des champs. Dès mon adolescence, j'ai eu l'intuition vague que cette dualité, loin d'être le fruit du hasard, pourrait me servir, qu'elle me permettrait peut-être un jour d'aider à ce que le divorce ne soit pas total entre les métropoles et les territoires ruraux.

Ce double attachement, je le dois à mon père. Né en 1942 dans un petit village des rives de la Vienne d'un père vétéran de la Grande Guerre et d'une mère ouvrière dans le textile, il n'a jamais oublié d'où il venait et qui il était. C'est ainsi que j'ai grandi avec pour seconds parents l'ami d'enfance de mon père, Gilbert, dit Boby, et sa femme Éliane, affectueusement surnommée « la Direction ». J'ai passé des vacances et des week-ends entiers à suivre Boby à la pêche, à la chasse, aux champignons. Il m'a appris à m'occuper du jardin, à tailler la vigne, à soigner les poules et les lapins, à faire le cochon. Boby m'a aussi appris à dépouiller le grand gibier, à voir un lièvre au gîte ou un lapin en forme, à détecter un brochet caché dans un herbier, à lire les volcelests, à piéger un renard pillant le poulailler, à ramasser les écrevisses, à trouver les coins à cèpes, à manier le furet pour faire sortir les garennes… Éliane, son épouse, m'a appris à plumer un poulet et une bécasse, à ramasser les « lumas » – « escargots » en patois poitevin –, à faire un sauté, une tarte gourmande, une crème aux œufs, et même à coudre… En leur compagnie, j'ai vécu les banquets paysans, copieux, joyeux, à la fin desquels l'assiette saucée est retournée pour recueillir fromage puis dessert. Avec ce couple et mon père, j'ai appris à apprécier la vie partout où elle se trouve. Et à la respecter ! À ne prendre ou enlever la vie que si cela est utile. Je suis ainsi devenu un petit paysan intermittent, un « drôle », un enfant du pays…

Lorsque je ne me trouvais pas sur les rives de la Gartempe à taquiner perches et sandres ou à m'écorcher les genoux à la recherche de girolles, je redevenais un petit Parisien. Suis-je donc un « Parigot » adopté par la campagne ou un rat des champs toléré par les rats des villes ? La vie n'étant pas aussi binaire qu'un programme informatique, je répondrais : les deux. Je me sens riche de ma double appartenance, de ma double origine, de cette connaissance fine des deux France. Enfant, je n'ai manqué de rien grâce à la réussite professionnelle de mon père. Parti de rien, celui-ci commença à ouvrir des huîtres à la brasserie Sébillon à Neuilly-sur-Seine à l'âge de 13 ans pour faire bouillir la marmite familiale. Ma grand-mère Jeanne faisait des ménages. Mon grand-père, Léon, né à la fin du XIXe siècle et sept fois blessé entre 1914 et 1918, avait été ruiné par la Seconde Guerre. Usé par l'âge et les stigmates du Chemin des Dames et de Verdun, il ne pouvait plus subvenir aux besoins élémentaires des siens. C'est ainsi que mon père fut écailler durant six ans afin que le quotidien ne devienne pas un enfer pour ses parents et ses deux petites sœurs. Autre époque, autre France, exsangue après le passage des nazis, et déjà en plein exode rural. Comme nombre de ses compatriotes, mon grand-père avait pris la décision de monter à Paris…

Peu enclin à l'approfondissement des sujets académiques, mon père fut ouvrier en Autriche dix-huit mois, puis également dix-huit mois en Angleterre. Il en revint trilingue. Durant son service militaire, qui au début des années 1960, en pleine guerre d'Algérie, se prolongeait près de trois ans, il fut engagé comme interprète à l'Otan. Esprit vif, bourreau de travail et fin négociateur, il devint « Monsieur Sucre » dans les années 1970, sauvant de la faillite la Bourse de commerce de Paris. Il dirigea par la suite des groupes agroalimentaires de taille mondiale. De « Monsieur Sucre », il se mua en « Monsieur Cacao ». Jacques Chirac, alors Premier ministre, lui proposa même en 1974 et 1986 de devenir son ministre chargé du Commerce extérieur. Il refusa, préférant se consacrer à sa carrière. Mais il resta proche des gens de pouvoir et surtout de ses amis du RPR. Ainsi, à l'époque où je passais mes week-ends avec Boby et mon père, tel un apprenti Raboliot, je sautais en semaine sur les genoux de grands patrons et d'hommes politiques. C'est grâce à ce parcours, à ces convictions que mon père m'a rendu riche. Riche d'un principe qui aiguille toute ma vie : la valeur d'un homme n'est pas fonction de sa fortune ou de son pouvoir…

Passant des genoux des puissants aux mains fortes des paysans, j'ai appris à observer, à analyser, à m'adapter, à accepter l'altérité, à tenter de comprendre l'autre. Je me suis régalé des années entières devant le spectacle des prises de bec entre mon père et Boby, le premier chiraquien et homme d'affaires, le second facteur à la retraite et grand amoureux de François Mitterrand. Ces deux-là pouvaient s'écharper le samedi soir au dîner mais s'entendaient comme larrons en foire le dimanche matin pour chasser le lapin ou pêcher la carpe. De cette belle époque, j'ai retenu la conviction que l'on peut être en profond désaccord avec quelqu'un sans pour autant le haïr. Qu'il est possible de ne pas aimer quelque chose ou quelqu'un sans vouloir pour autant le faire disparaître…

Si la haine de ce que l'on ne comprend pas ou ne connaît pas m'inquiète dans tous les domaines, elle me touche davantage lorsqu'elle concerne la vie de nos campagnes. Les velléités fascisantes des associations écoradicales me préoccupent au plus haut point, et j'y vois un risque majeur pour les générations futures.

*

« Il n'y a qu'un problème philosophique vraiment sérieux : c'est le suicide. » Ainsi s'ouvre *Le Mythe de Sisyphe*, d'Albert Camus.

J'ai, depuis la lecture de cet essai, toujours été préoccupé par les suicides sociétaux de masse que sont les transitions totalitaires. Trouver une cause et une justification à l'expression de sa détestation de l'homme sera, malheureusement, toujours une tentation facile pour les esprits déviants et les sociétés malades. Il suffit de peu de chose pour basculer dans l'horreur, comme l'écrit Hannah Arendt dans *Le Système totalitaire* : une loi supérieure, un bouc émissaire et une police politique.

L'antispécisme fonctionne sur cette même logique. Il n'est ni plus ni moins dangereux que les autres totalitarismes. Mais il a la particularité d'être un imposteur qui dessert une cause de première importance : la préservation de notre maison commune. Nous devons penser « durable » et inciter positivement au recyclage. Consommer moins, mieux, en circuit court. Tentons déjà, par exemple, de porter des jeans qui n'ont pas fait en moyenne 60 000 kilomètres avant d'arriver dans nos armoires ! Sortons du plastique qui se nourrit d'énergie fossile et souille durablement nos écosystèmes et nos océans. Et ne gaspillons plus les ressources alimentaires… Une fois cela accompli, nous aurons déjà fait un sacré bout de chemin ! Et sans passer par les travers idéologiques des militants antispécistes.

Dans la finance d'entreprise, je me suis spécialisé dans la reprise de sociétés en transition. Comprenez : des sociétés qui pour une ou plusieurs raisons connaissent des turbulences et ont besoin d'être remises sur pied. Cela m'a permis de devenir entrepreneur après quelques années dans une tour d'ivoire. Je suis ainsi, et entre autres, dirigeant de sociétés d'édition, dont certaines publient des magazines de chasse. J'ai, grâce à cette position de directeur de publication d'organes de presse cynégétiques, une vision privilégiée sur les mouvances écoradicales. À la fin des années 2000, j'ai envisagé le nouvel ordre vert comme un nouveau totalitarisme. Puis j'ai commencé à parler de « khmers verts » pour définir ces activistes qui, pour tenter de contraindre mes journalistes au silence, nous menacent ou nous traînent devant les tribunaux sans raison… J'ai très rapidement eu l'intuition ou plutôt la conviction que si les chasseurs faisaient partie des premières cibles et risquaient d'être les victimes des écoradicaux antispécistes, d'autres n'y échapperaient pas : cavaliers, pêcheurs, agriculteurs et par extension toute personne active dans les milieux naturels, agissant avec responsabilité et sans angélisme. Longtemps, la chasse a concentré les attaques des animalistes. Elle était le premier rempart et elle tenait. Elle tient toujours d'ailleurs, mais d'autres fronts ont été ouverts par nos khmers verts. Même si la violence qui se déchaîne contre la chasse et les chasseurs dépasse souvent l'entendement…

La bascule s'est produite dans la seconde moitié des années 2010 avec l'émergence d'associations comme L214 ou One Voice. Les actions violentes se sont alors multipliées. Elles ont touché des éleveurs, des boucheries, des fromageries, des locaux de chasseurs, des abattoirs… Parallèlement, un régime alimentaire strict et contraignant a commencé à être vendu à grand renfort de propagande. Le véganisme serait en quelque sorte la lessive miracle inventée par l'écologie pour liquider toutes les taches et souillures que l'homme moderne inflige à la nature. Passons (pour l'instant !).

Ces associations qui tentent de nous culpabiliser du fait de notre régime alimentaire, et viennent donc toucher au fondement de ce que nous sommes, sont aussi parvenues à propulser leurs militants exaltés dans les studios télé. Toute honte bue, des individus y ont comparé les éleveurs à des violeurs et les élevages à des camps de concentration. Des présentateurs gênés tentaient de redresser le tir… « Noooon, monsieur ! C'est le pire génocide de l'histoire ! » alla même jusqu'à dire une militante particulièrement excitée.

C'est à ce moment que j'ai décidé d'écrire ce texte. Pour essayer de prendre un peu de hauteur et tenter d'éclairer modestement le débat. L'inversion des valeurs, le détournement et la tentative de réappropriation des douleurs et des drames de l'humanité auxquels se livrent les écoradicaux m'ont donné la nausée. Si ces agités antispécistes ne veulent respecter ni la mémoire ni les victimes, qu'ils ménagent au moins la première des libertés : celle de se nourrir à sa guise.

Longtemps, j'ai justifié ma passion de la chasse en évoquant un mode de vie. Je peux comprendre que dans une société qui refuse de voir la mort en face, celui qui assume de la donner interroge… En tant qu'être humain, je suis omnivore de constitution, je mange donc de la viande. J'assume. Mieux : je me la procure moi-même pour bonne partie en chassant. Et, oui, j'y prends un réel plaisir. Cependant, jamais il ne me viendrait à l'idée de forcer quiconque à ingurgiter une andouillette ou un filet mignon de sanglier. Chacun est libre de choisir son alimentation quand il en a les moyens. Ainsi, je ne vois pas pourquoi quelqu'un me dicterait ce que doit contenir mon assiette.

Je suis un épicurien, amateur de bons produits. J'aime cuisiner pour mes proches, une façon comme une autre de leur témoigner de l'amour. J'ai eu la chance d'assister à de nombreuses préparations de repas de Gaston Lenôtre, un des meilleurs amis de mon père, sorte de grand-père magicien, éternelle source d'inspiration dont le coffre de voiture quand il arrivait à la maison abritait une caverne d'Ali Baba… Mon père aussi cuisinait souvent, avec générosité. Pêcher un sandre, cultiver mon jardin, ramasser des morilles, tuer une bécasse, un canard, un sanglier sont pour moi des gestes familiers. Bien sûr, je pourrais me nourrir de viande autrement qu'en chassant, mais cet argument phare des cynégétophobes n'a pas de sens : je peux aussi ne pas cultiver mon jardin et acheter des légumes hors sol, je ne couperais ainsi pas de vers en deux en travaillant ma propre terre. Cela pourrait presque porter à sourire, mais oui, le maraîchage, même bio, tue et massivement…

Adolescent de 16 ans, et alors que je venais de passer le permis de chasser, je me souviens d'avoir remis en cause mon être cynégétique. Je me suis demandé si être chasseur faisait de moi un sale type. Prendre la vie n'a rien de gratuit : c'est un acte grave qu'il faut pratiquer en conscience. Je sentais que mon être profond m'appelait à chasser, mais était-ce bien légitime ? J'ai cheminé, pensé, retourné les arguments dans tous les sens. J'adore la viande. Alors pourquoi ne pas me la procurer moi-même à partir d'un animal sauvage ? Et puis, les yeux ouverts par un excellent professeur de sciences de la vie et de la Terre, j'ai même frôlé l'abîme. Il m'a fait comprendre par le savoir et l'instruction que la vie n'était pas que visible. Qu'elle était partout ! Que le sol était vivant. Que chacun de nos pas, chacune de nos actions se nourrissait de la vie et générait la mort. Un pas dans un jardin provoque une hécatombe ! Tous les êtres vivants sont logés à la même enseigne. Gnous, loups, merles, humains tuent pour se nourrir et se mouvoir. Vie et mort sont indissociables dans la nature, comme le blanc et le noir du yin et du yang.

J'ai quelque temps regardé le sol en marchant, me faisant l'effet d'un meurtrier. Je me suis posé la question du sens de la vie, me suis demandé si celle-ci se nourrissait de la mort. Dans ce cas-là pourquoi vivre, si pour vivre nous devons tuer ? J'ai fini par accepter le cycle du vivant : la mort nourrit la vie, qu'elle soit végétale ou animale. Et si nous n'acceptons pas la mort, il n'y aura plus de vie.

Cette ouverture aux réalités du vivant m'a fait prendre conscience que notre environnement est fragile. Au milieu des années 2000, j'ai commencé à tanner ma famille pour l'inciter au recyclage… Je lisais les livres de Nicolas Hulot (*Le Syndrome du « Titanic »* ou *Graines de possibles*) et ceux d'autres lanceurs d'alerte. Je fus même affublé du surnom « Hulot » ! Je ne prenais pas cela pour une insulte… Le vivant, je le vois, je le connais, mais je ne l'idéalise pas, ni ne l'idolâtre !

Je pense d'ailleurs que nos concitoyens qui agissent de manière irraisonnée vis-à-vis de l'environnement devraient passer un peu de temps à la campagne. Cultiver quelques légumes, plonger les mains dans la terre, élever des poules, tuer un lapin ou un pigeon pour s'en nourrir sont des gestes qui responsabilisent et mettent en évidence la valeur de la vie…

Comme l'a écrit le philosophe Francis Wolff, « l'animalisme n'est pas la radicalisation de la protection animale mais une animalisation de la radicalité ». Ce constat lumineux cadre parfaitement le débat et m'a décidé à commencer l'écriture de ce livre. Ne cédons pas à la radicalité dissimulée sous les atours de la bienveillance et de la protection de l'environnement. Posons au contraire les thèmes sur la table, débattons arguments contre arguments pour mettre en lumière les risques et les dérives inquiétantes. Ces militants jusqu'au-boutistes sont les nouveaux prédateurs. Ils souhaitent en finir avec la place si spéciale de l'homme dans son environnement. Une rupture civilisationnelle qu'il me semble capital de dénoncer et de contrecarrer.

CHAPITRE 1

Du végétalisme paisible à la radicalité végane

S'il est bien un point auquel je suis attaché, c'est la liberté individuelle. Elle me semble être le socle inamovible de toute société, de tout régime politique raisonnable et juste. Je peux avoir des désaccords avec de nombreuses personnes mais je ne rêve pas, le soir venu, de forcer la Terre entière à rallier mon point de vue. Pour paraphraser le général de Gaulle lors de sa fameuse conférence de presse, je ne me vois pas « commencer une carrière de dictateur » et considère donc que chacun se nourrit comme il l'entend… tant qu'il n'essaie pas de me prouver que son régime est le seul qui vaille, tant qu'il ne nie pas, avec une mauvaise foi abusive, certaines vérités essentielles. Et c'est sans doute là que le bât blesse quand on évoque l'univers des militants végans ou animalistes. Avez-vous déjà rencontré une personne se vantant haut et fort de son alimentation omnivore ? Avez-vous déjà entendu un discours tendant à imposer à tous la consommation de protéines animales ? C'est du jamais-vu, alors que le discours des végans inonde les médias et réseaux avec des accents de plus en plus moralisateurs ou franchement culpabilisateurs. Pourtant, le mode de vie végétarien n'a pas toujours été aussi radical.

Le végétalisme : un choix de vie paisible

Il était une fois les végétariens, des êtres humains qui, en dépit de la nature profonde de leur constitution biologique, décidèrent de se passer de viande et de poisson.

Ni poulet, ni maquereau, ni bœuf, ni jambon, en somme, pas de chair animale dans leur assiette. Ils consomment du lait ou des produits laitiers (yaourts, beurre, fromage) mais aussi des œufs sous toutes leurs formes. Ces restrictions auxquelles ils s'astreignent peuvent poser des problèmes nutritionnels, mais les protéines contenues dans le lait, les œufs et certains légumes les limitent. Leur décision est donc personnelle et rationnelle.

Il s'agit bien là d'un choix délibéré, lié à des intolérances alimentaires, à des principes religieux, à des problèmes de santé ou à des conceptions philosophiques.

Notre planète compte tant de variétés de poissons et viandes et une telle multitude de recettes pour les préparer et les accommoder qu'il est improbable de ne rien aimer au point d'en devenir végétarien… Il existe bien sûr des végétariens « de goût », mais la plupart le sont en principe plutôt par conviction ou par obligation.

Il existe aussi les « supervégétariens », qu'on appelle les « végétaliens ». Chez eux, les restrictions alimentaires sont encore plus drastiques. Comme les végétariens, ils ne consomment ni viande ni poisson, mais la liste de leurs interdits s'allonge avec les œufs, le lait et les produits laitiers. Ils se privent même de miel ! Le végétalien ne consomme aucune nourriture provenant d'un animal.

Choix de vie hautement respectable, hygiène personnelle, cette démarche lointainement inspirée par la doctrine hindouiste prend sa source en Californie dans les années 1960, en plein mouvement hippie. Régime mûrement réfléchi ou instinctif, sinon impulsif, le végétalisme se fonde sur le respect de tous les êtres vivants et constitue un choix de vie paisible et respectueux d'autrui. À défaut de respecter la nature profonde de l'être humain…

Des premières carences aux folies extrémistes

Toutes les vérités ne sont pas forcément plaisantes à entendre. C'est même parfois à cela qu'on les reconnaît. Que cela plaise ou non, l'être humain est un omnivore. Voilà, c'est dit. Nous avons besoin de protéines pour nourrir nos muscles, notre peau, nos cheveux et surtout notre cerveau. Bien sûr, il existe des protéines végétales, mais elles ne compensent pas tout, tant s'en faut. Chez les végétaliens, des carences peuvent voir le jour. Elles entraînent des risques sévères de perte de masse musculaire ou de mémoire, de céphalées, d'aménorrhées, de chutes de cheveux ou de déchaussements dentaires… Avec mépris, certains appellent les végétaliens les « carencés ». C'est un sobriquet un peu cruel, mais il souligne un fait : sans protéines animales et sans un régime alimentaire varié et équilibré, notre corps souffre (comme quand on l'astreint, d'ailleurs, à un régime exclusivement carnivore…). Pour compenser ces déséquilibres nutritionnels, on peut avoir recours à des compléments alimentaires, vendus par des laboratoires pharmaceutiques. Ceux-ci ont, pour la plupart, été conçus pour répondre à des pathologies subies et non engendrées par choix, mais ils ne compensent que partiellement les manques…

La sphère végétalienne compte aussi les fruitariens. Nous nous trouvons là face à des végétaliens de l'extrême, puisque ces gens s'imposent de graves restrictions alimentaires, en se nourrissant exclusivement de fruits ou de graines. Ils snobent les « plantes mères », pour la simple raison que ces dernières appartiennent au règne du vivant : les graines étant des embryons en sommeil, une matière organique inerte, elles peuvent être consommées (ainsi que la pulpe qui les contient). Mais de là à manger des salades ou des carottes, certainement pas, car elles sont liées au sol par leurs racines, constituent des matrices et donneront bientôt des embryons et des graines. En les mangeant, nous les tuons ! La vie se nourrissant de la mort, une telle philosophie pourrait prêter à sourire, si elle ne touchait pas de plus en plus de gens…

La dérive végane

Toutes ces pratiques alimentaires restrictives étaient à l'origine paisibles et respectueuses d'autrui. Mais, un jour, une poignée de végétaliens s'est radicalisée. Le végétalisme « à la grand-papa » est devenu végétalisme intégral ou véganisme.

Le végétalisme intégral ou plutôt radical, aussi appelé « véganisme », trouve sémantiquement son origine dans le terme anglais *vegan*, la racine *veg* faisant référence au terme *vegetable* (légume). Ainsi et par extension, un végan ne vit que grâce aux plantes.

Le végétalisme alimentaire prône aussi et en principe l'interdiction d'utiliser quoi que ce soit provenant d'un animal pour se vêtir ou pour se soigner. Fini les fourrures (un des combats historiques de cette frange radicale) ou le cuir puisqu'il faut tuer un animal pour obtenir ces matières. L'animal n'étant pas consommé dans l'assiette, pourquoi le tuerait-on pour sa peau ? Le véganisme donne parfois l'image d'une réelle cohérence.

Plus surprenant, les adeptes de ce courant proscrivent aussi les laines de moutons, chèvres et autres alpagas. Nous avons tous vu, un jour ou l'autre, un mouton se faire tondre. La manœuvre est certes énergique, mais elle n'a encore jamais coûté la vie au moindre animal. En général, l'opération le soulage même des suffocantes chaleurs estivales. L'argument ne tient pourtant pas pour les végans, qui n'y voient qu'exploitation de l'animal. Sans être grand clerc, ne perçoit-on pas là une doctrine un peu trop pure ou dure ou les deux ?

Ce durcissement de la ligne (« *No meat – no animals* ») de la mouvance végétalienne a évidemment fini par déboucher sur le franchissement d'une ligne rouge avec la culpabilisation des « zoophages », nom donné par ces ayatollahs du végétal aux hommes ordinaires s'alimentant comme nos ancêtres le faisaient déjà il y a plusieurs centaines de milliers d'années. Avec les premières associations radicales prônant le véganisme apparurent les opérations coups de poing et les campagnes de communication qui permirent aux thèses et théories véganes de faire une entrée fracassante dans la sphère médiatique. À l'automne 2018, le grand public a ainsi découvert le mouvement Boucherie Abolition – une association qui porte sans ambiguïté le nom de sa cause. Ses adhérents comparent les abattoirs aux camps de la mort, parlent de « camions de déportation », d'« holocauste nataliste », de « génocide »… Le végétarisme *new age*, vaguement hippie, semble bien loin.

Stimulées par cette présence médiatique accrue, des attaques furent lancées sur des boucheries, des charcuteries, des poissonneries, des fromageries, des élevages, qu'ils soient industriels ou artisanaux, avec dégradations à la clé. Et malheureusement ces opérations coups de poing se poursuivent. Tags, bris de vitrines mais aussi effractions pour « libérer » des animaux d'élevage, incendies d'exploitations agricoles, d'abattoirs, attaques de fédérations de chasseurs ou de locaux d'associations de chasse locales… Tout y passe !

Les pouvoirs publics ont pris conscience de la situation et ont fini par sévir : depuis l'été 2019, les débordements sont moins nombreux. Mais les actions violentes perdurent. Elles sont pour les associations une manière de se rendre visibles et ainsi de percevoir des dons et de recruter des bras !

Ces amis (des animaux) qui leur veulent du bien

Les activistes végans se situent naturellement, sans l'ombre d'une hésitation, dans le fameux « camp du bien » tel que l'avait délimité l'essayiste Philippe Muray. Ils s'imaginent incarner la justice, et tous les étrangers à leur cause ne sont que des aveugles. Pourtant leurs adversaires n'ont peut-être pas le monopole de l'aveuglement. Parfois, à force de nier les réalités du vivant et des espèces, on en arrive à des situations tragicomiques. En pénétrant dans un élevage de dindes en France, une douzaine de militants de la cause animale ont créé une panique générale. Résultat : 1 400 dindes sont mortes étouffées. En Angleterre, c'est une écloserie de faisans qui fut leur cible, où plus de 20 000 oiseaux ont péri. Quelque temps plus tard, à nouveau dans l'Hexagone, ce sont 3 000 lapins de chair, des milliers de truites, 350 visons (qui n'ont rien à faire dans la nature et sont même hautement néfastes pour nos espèces endémiques), des cochons et des poulets qui ont été libérés et par là même condamnés à une mort certaine. Sur le compte Twitter des activistes à l'origine de cette action, on pouvait lire cette déclaration : « Évasion de prisonniers politiques en cours… pour abolir leur esclavage ! » Évidemment, ces « amis » des animaux occultent totalement le fait que lesdites espèces libérées ne sont absolument pas adaptées à la vie sauvage…

Et qu'importe que Jean-Pierre Digard, ethnologue et chercheur au CNRS, explique très bien, dans son ouvrage *L'animalisme est un antihumanisme*, que si les animalistes aimaient vraiment les animaux, ils ne réclameraient pas la libération des animaux domestiques qui vivent depuis des millénaires en symbiose avec les humains et qui une fois libérés seraient voués à une mort certaine...

Intimidations, dégradations, saccages, menaces, manipulations, occupations – une partie non négligeable des activistes sont d'anciens zadistes recyclés dans la cause animale –, culpabilisation : rien ne rebute les végans. Leur combat surpasse tout. Une des associations animalistes prônant le véganisme est devenue célèbre à la suite de ses vidéos chocs dans des abattoirs et des élevages industriels de poules. Il s'agit de L214 Éthique & Animaux. Son budget de fonctionnement a explosé depuis 2013 pour atteindre 4,8 millions d'euros en 2019[1].

Il va de soi que la souffrance animale doit être autant que possible limitée. Il faudrait être fou ou sadique pour vouloir qu'il en aille autrement. Cette sensibilité de l'animal est d'ailleurs prise en compte par toutes les filières dans lesquelles il est utilisé ou consommé. Experts en coups de communication, L214 et d'autres associations écologiques radicales n'hésitent jamais à travestir les faits pour les transformer en paroles d'évangile, ou à se servir de faits divers pour en tirer des vérités générales. Il

1. Source : *Bilan moral 2019*, L214.com.

convient aussi de se demander si, devant ces infiltrations répétées dans des établissements où des vidéos chocs sont filmées, et le niveau d'endoctrinement des membres de ces associations, nous n'aurions pas affaire parfois à des pompiers-pyromanes, commettant eux-mêmes une partie des abus qu'ils dénoncent par la suite.

Une nouvelle police politique

Revenons à ces actions de culpabilisation de l'opinion et du consommateur. Avec elles, les associations véganes tracent la frontière entre bien et mal, désignent des bons et des méchants et, ainsi, veulent imposer de nouveaux modes de consommation. Vous en doutez ? D'après vous, qui est derrière les tentatives d'inscription dans la loi de repas végétariens ou végétaliens dans les écoles, les hôpitaux, les administrations et même les cantines privées ?

Le fromage, c'est mal ! La viande ? Pur scandale ! Le foie gras : le diable incarné ! Les zoophages sont mis au pilori, culpabilisés dans ce qu'il y a de plus réjouissant pour l'immense majorité d'entre nous : un peu de bonne viande dans une assiette. Et bien sûr, l'action passe pour ces justiciers autodésignés par une punition sévère des « bourreaux ». Lille a subi des saccages de commerces pendant près d'un an, de mars 2018 au premier trimestre

2019[2], notamment des enseignes vendant des accessoires en cuir, mais aussi des restaurants, des boucheries et des fromageries. Quelle vision simpliste de la vie ! Bien et mal, bons et méchants, punitions et agressions : les activistes végans fonctionnent comme une police politique ! Mais au service de qui ? De quoi ?

2. Source : « Lille, prison ferme pour deux antispécistes ayant saccagé des boucheries », LePoint.fr, 8 avril 2019.

CHAPITRE 2

Mousse médiatique et racines du véganisme

L'antispécisme peut s'appuyer sur des soutiens médiatiques et intellectuels. Ils constituent des relais d'opinion non négligeables et parfois étonnants.

Commençons par l'un des plus médiatiques d'entre eux : Aymeric Caron, journaliste engagé, chroniqueur et antispéciste patenté. Dans une vidéo postée sur Dailymotion[1], le spécialiste explique comment réagir en cas d'attaque de moustiques :

« C'est parce qu'elles [les femelles moustiques] cherchent dans le sang de leur victime des protéines pour nourrir leurs œufs en développement et donc leurs bébés. Et ça, ça devient encor-e plus embarrassant pour un antispéciste, parce qu'il se rend compte que lorsqu'il est attaqué par un moustique, il a en fait affaire à une

1. Source : *Aymeric Caron et les moustiques*, letribunaldunet, 5 août 2019. Disponible sur : https://www.dailymotion.com/video/x7f88et.

mère qui essaie de remplir son rôle de future mère. Donc, ce moustique qui nous agace est en fait une dame qui risque sa vie pour ses enfants en devenir. »

Je n'invente rien. L'usage de termes tels que « dame », « bébés », « enfants » est courant chez les antispécistes, qui cherchent à créer de la confusion et à faire adopter l'idée de l'égalité entre homme et animal. Entre l'homme et le moustique en l'occurrence. Et peu importe que ces derniers véhiculent le paludisme, Zika ou encore le chikungunya… Selon l'Organisation mondiale de la santé (OMS), un enfant meurt du paludisme toutes les deux minutes et 200 000 millions de nouveaux cas sont dénombrés chaque année. Je préconise donc d'écraser les moustiques qui vous dérangent… et de zapper quand vous tombez sur Aymeric Caron à la télévision.

Malheureusement, quand l'intellectuel médiatique voit une lumière allumée, ne serait-ce que celle du micro d'un journaliste, il tombe souvent dans la rhétorique végane la plus convenue.

Il est un philosophe, Luc Ferry, pour lequel j'avais une sincère et franche admiration. En entamant la lecture d'un article du *Figaro* qu'il avait signé le 29 juillet 2020, je fus dans un premier temps renforcé dans ma position. Dans ce papier, intitulé « Pourquoi le véganisme est intenable ? », Ferry commence par pourfendre la doxa des autoproclamés amis des animaux : « Quant à leur santé, et plus encore celle de leurs enfants, les végans entrent dans une série de contradictions insolubles, leur prétention à une vie “100 % éthique” étant tout simplement intenable. La quasi-totalité des médicaments qu'on trouve aujourd'hui dans le commerce ont en effet été testés sur des animaux. Or refuser de les utiliser pour se soigner est suicidaire, et, s'agissant des enfants, un tel refus relève de la maltraitance et tombe sous le coup de la loi. Même chose pour l'usage du lait de vache qui est indispensable aux nourrissons dont les mères sont dans l'impossibilité d'allaiter. L'Italie songe d'ailleurs à promulguer une loi interdisant aux parents végans de recourir aux laits de substitution dont les nutriments sont notoirement insuffisants pour les bébés. »

Cependant, Luc Ferry doucha un peu mon enthousiasme, le 5 août suivant, dans *Le Figaro* toujours, où dans son article intitulé « La viande cellulaire, une bonne nouvelle », il déclarait désormais son amour enflammé à l'agriculture cellulaire. À mon grand regret, le philosophe y accumulait les erreurs, se référant à David Welch, directeur du département des biotechnologies du Good Food Institute (structure qui développe la production de viande *in vitro*), et comparant le prélèvement de cellules-souches à « une petite biopsie » sans douleur… Chacun appréciera !

Deuxième erreur de Luc Ferry : oser avancer que l'agriculture cellulaire ne produit pas de gaz à effet de serre et ne génère aucune pollution. Ainsi, les bioréacteurs évoqués par M. Ferry dans son article du 5 août n'auraient manifestement pas besoin d'énergie pour être construits, pour fonctionner et être entretenus ? Je ne sais si cet aveuglement est le fruit d'une fascination pour le progrès technique, d'un intérêt partisan, d'une naïveté coupable ou tout simplement d'une méconnaissance des processus industriels lourds, mais il me laisse rêveur. Oser avancer que la production d'un kilogramme de chair de poulet fermier polluera plus que la production de la même masse de chair éprouvette issue de cellules-souches de poulet est malhonnête.

Enfin – et surtout ! –, M. Ferry se trompe encore et toujours lourdement lorsqu'il entreprend de relativiser la « rupture anthropologique » relevée par Gilles Luneau dans son livre *Steak barbare.* L'ancien ministre de l'Éducation nationale franchit même la ligne rouge : « Les esclavagistes poussaient des cris d'orfraie face à l'abolition de l'esclavage, les sexistes quand les femmes eurent le droit de vote, les défenseurs du mariage quand la loi autorisa le divorce : chaque fois, les traditionalistes hurlèrent que “tout foutait le camp”, que c'était la fin du monde, alors que ce n'était que celle de leur petit univers à eux, étroit et borné, leur hostilité à l'innovation étant avant tout idéologique, pour ne pas dire irrationnelle. »

Une telle posture ne fait qu'élargir le gouffre éloignant *Homo metropolitanus* du simple *Homo sapiens*, l'homme hyper-urbain de l'homme heureux au contact du vivant. L'idée que nous pourrions faire avancer l'humanité en continuant de la déconnecter des réalités de son environnement est un sophisme. On doit à l'inverse recréer du lien entre le produit et le consommateur. La permaculture, le local, les filières courtes vont dans ce sens. Il faut être irresponsable pour vouloir réduire ce sujet essentiel à une simple opposition entre les anciens et les modernes, les « innovateurs » et les conservateurs. Le débat possède des ramifications autrement profondes.

N'en déplaise à M. Ferry, j'affirme avec Gilles Luneau que nous sommes bien les victimes d'une rupture anthropologique. Nous vivons dans les villes grâce aux campagnes et non l'inverse. Nous devons consommer et penser « durable » et non de manière abstraite et émotionnelle. Et pour cela, nous avons un outil formidable, éprouvé : l'agriculture paysanne. L'oublier, c'est se condamner à un futur soumis à la technique et aux lobbys, un avenir hors sol, déconnecté de tout ce qui a fait jusqu'à aujourd'hui le socle de nos modes de vie.

D'ailleurs, selon l'Organisation des Nations unies pour l'alimentation et l'agriculture (FAO), la viande cellulaire serait plus énergivore que la viande traditionnelle, son bilan carbone serait donc moins bon. Les agents pathogènes n'en seraient pas éliminés. Afin de stimuler la croissance de la viande cellulaire, il faut avoir recours massivement aux stimulateurs de croissance, dont les hormones sexuelles. Or l'Union européenne a interdit leur utilisation pour la production de viande conventionnelle depuis 1981 en raison des risques qu'elles présentent pour la santé humaine. Enfin, rien n'a été développé pour s'assurer que la viande *in vitro* contient bien des micronutriments essentiels, comme la vitamine B12 et le fer[2].

Malgré ces arguments de poids, Luc Ferry récidive avec un nouvel article publié dans *Le Figaro* le 29 décembre 2021 et intitulé « Pourquoi la viande cellulaire va s'imposer ». Il y reprend tous les clichés des militants animalistes. Occultant toutes remises en cause de la viande cellulaire, même les plus argumentées, et demandant que la raison l'emporte sur la passion, il rédige une déclaration d'amour enflammée pour la viande *in vitro.* Au passage, il égratigne la chasse avec des caricatures souvent indignes du philosophe qu'il est. Il se montre aussi très critique et agressif envers les éleveurs. Pourtant, et son texte l'oublie, sans élevage intensif, la viande, le lait, les œufs et leurs dérivés ne seraient plus accessibles qu'à une poignée de privilégiés.

Pour Luc Ferry, « Il ne s'agit nullement de "fausse viande" », selon ses propres termes. Ceux qui s'y opposent seraient des traditionalistes sans connaissance des animaux... Au passage, il méprise ceux qui souhaitent s'alimenter de manière naturelle, sans recours à la production ou aux laboratoires industriels. Ceux d'entre nous qui savent ce qu'il y a derrière la viande

2. Source : « La viande in vitro n'est pas une solution aussi réaliste que l'on pense, selon une agence de l'ONU », SanteMagazine.fr, 17 septembre 2021.

cellulaire sont évidemment aussi réduits au silence. Les pêcheurs et chasseurs dont le mode de vie consiste à se procurer eux-mêmes les protéines animales dont ils se nourriront y sont présentés comme des tueurs en série : « alors que la chasse n'est plus, comme elle pouvait l'être au Moyen Âge, une nécessité vitale. […] On parle bien sûr de la régulation et de l'entretien nécessaire de la faune sauvage, mais ils pourraient se faire autrement que par des tueries de masse. » Belle erreur pour un grand sachant… Au Moyen-Âge la chasse était le privilège des seigneurs et le braconnage puni de mort !

Le reste de l'article n'est que collapsologie et culpabilisation. Nous allons brûler vifs à cause du réchauffement climatique, la Terre est trop petite, pour survivre nous devons manger ce que les laboratoires produisent. En résumé : si nous ne mangeons pas de viande cellulaire, la fin du monde est assurée. Un raccourci grossier, pour le moins… Au nom d'un combat tout à fait légitime pour limiter la souffrance animale, les autorités médiatiques et intellectuelles prennent au contraire le contrepied de cette réflexion et s'appuient sur l'animalisme et l'antispécisme, qui sont intimement liés. En effet, l'animalisme est à l'antispécisme ce que la république est à la démocratie : une manière de l'appliquer. Tout cela est liberticide et gangrené d'anthropomorphisme.

Le véganisme par la racine

Une confusion courante dans l'opinion publique consiste à assimiler véganisme et végétalisme, végans et végétaliens. Cela nous vient du sens du terme *vegan* en anglais, qui désigne un « végétalien ».

Cette confusion est entretenue par les descriptions dans les cartes de restaurant précisant « salades, pizza ou pâtes véganes ». Certains en ont même fait un concept de restauration, une différenciation marketing. Des restaurants végans ont ainsi ouvert, comme l'énigmatique Vegan Burger, rue des Archives à Paris… pile en face du club de la Maison de la Chasse et de la Nature ! Une sacrée coïncidence…

Si le terme « végan » est certes plus accrocheur, plus parlant, plus « sexy » grâce à sa consonance américaine et aussi plus facile à mettre à toutes les sauces que « végétalien », il contient également une dimension politique et revendicatrice qu'il faut savoir décrypter. En français, « être végan » ne signifie pas simplement adopter le régime végétalien, mais plutôt être un végétalien activiste à visées politiques. Quand le végétalien vit ses choix dans le respect d'autrui, le végan, lui, entend imposer sa vision du monde, son idéologie à la Terre entière.

Nous le disions, le véganisme est enfant de l'animalisme et de l'antispécisme. L'animalisme ne consiste pas à reconnaître des droits aux animaux, ce qui existe déjà dans la loi française puisque la maltraitance est punie d'une amende pouvant aller jusqu'à 45 000 euros et trois ans d'emprisonnement[3]. Cette approche veut aller plus loin et revendique des droits égaux pour l'homme et pour l'animal, mettant ainsi les deux sur un pied d'égalité total.

L'antispécisme quant à lui prône qu'il n'existe pas d'espèces différentes, mais une espèce unique peuplant la Terre. En conséquence, il pose pour tous les mêmes droits et, par dérive anthropomorphique, érige l'impossibilité de nous tuer, nous manger ou nous exploiter entre êtres vivants. Ainsi, l'antispécisme est l'idée fondatrice et l'animalisme la manière concrète de l'appliquer.

À partir de cette approche d'êtres vivants tous égaux, les comportements les plus extrêmes peuvent se développer. Les militants les plus radicaux s'injectent du sang d'animaux pour démontrer empiriquement qu'il n'existe qu'une espèce. Sang de cheval, de vache… Tout est bon pour prouver l'unicité de l'espèce, du groupe sanguin, du génome, du rhésus… Certains vont même jusqu'à multiplier les injections de sang de différentes espèces à la suite.

Bien sûr, ces comportements sont l'apanage des activistes végans les plus délirants, mais ils n'en illustrent pas moins une philosophie sans limite, ivre de démontrer son bien-fondé. D'ailleurs, les happenings violents se

---

3. Source : Service-public.fr.

multiplient. L'objectif de ces opérations coups de poing est évidemment de faire le buzz et donc de sensibiliser l'opinion quitte à l'induire en erreur, quitte à mentir. La vérité, l'information, la pédagogie ne sont plus des paramètres de l'équation végane depuis bien longtemps.

Sous les objectifs de médias complaisants, certains activistes s'aspergent de faux sang dans les centres-villes de métropoles ou se font marquer au fer rouge, sous les yeux de passants ébahis et de badauds voyeurs[4]. Le 23 août 2019, l'association Peta France faisait cuire un (faux) chien sur le Champ-de-Mars à Paris, au cri de « Chien ou cochon : quelle différence ? »[5].

À peine un an plus tôt, le 23 septembre 2018, des militants avec des porcelets mort-nés dans les bras scandaient « La viande est un meurtre » devant une trentaine de boucheries françaises afin de dénoncer le spécisme (le fait d'avoir un comportement différent en fonction de l'espèce).

Un véritable concours Lépine du bon goût et de la désinformation. Il s'agit de gagner de la visibilité, des adhésions, des financements et donc de la puissance. Le coup d'éclat permet de prouver à ses troupes que l'on respecte la promesse originelle et l'objet de la lutte, mais aussi d'attirer de nouveaux combattants et des fonds

---

4. Source : « Pour sauver les animaux, ils s'aspergent de sang et se font marquer au fer rouge », Reporterre.net, 29 septembre 2017.

5. Source : « Un chien sur un barbecue : l'action choc des vegans à Paris », Dna.fr, 23 août 2019.

supplémentaires… Propagande, désinformation, travestissements de la réalité, intimidation – y compris de journalistes –, vandalisme, destruction, stigmatisation de ceux qui ne pensent pas « bien »… Avec de telles méthodes, le véganisme a décidément des relents très nauséabonds. Ce n'est pas pour rien que, selon Interpol, l'écoradicalité est la deuxième menace après la mouvance djihadiste et que les Renseignements territoriaux possèdent une équipe spécialisée dans la surveillance de ces activistes.

Le ridicule en prime

Mais comme devant le dictateur de Chaplin, il n'est pas interdit de s'amuser de leur ridicule. Les antispécistes essayant d'imposer partout leur idéologie, même dans des moments qui devraient être réjouissants, nous donnent forcément un jour ou l'autre le loisir d'assister à la mise en scène de leur folie à travers le monde.

Lors d'un week-end de septembre, je découvre Bordeaux avec ma chère et tendre. Nous en profitons pour visiter une institution viticole, le domaine de Pape Clément, avec son chai et son château. Nous sommes alors dans la période de vendange des merlots et assistons donc aux premières étapes de la vinification. Avant la traditionnelle dégustation, nous marchons dans les vignes. Notre guide nous parle du terroir des graves, si particulier et riche, évoque la passionnante histoire de ce vignoble vieux de sept siècles, et nous ne buvons alors que ses paroles. Mais le lieu perd soudain de sa magie : le mot « végan » vient de tomber au détour d'une phrase.

« Pardon ?

— Je disais que notre vin n'est pas végan.

— Ah. Mais comment pourrait-il ne pas l'être ? »

Procède-t-on à des sacrifices de poulets pour favoriser la vendange ? Répand-on du sang de porc autour des pieds de vignes ?

« Nous désherbons notre vignoble à l'aide de chevaux de trait, me rassure notre guide. Cela limite notre empreinte écologique, profite au sol beaucoup moins compacté qu'après le passage d'un tracteur, sans parler des déjections qui viennent l'enrichir.

— Certes, mais alors pourquoi votre vin serait-il "non végan" ?

— Cher monsieur, nous exploitons l'animal, nos chevaux de trait, dans le cadre de notre production viticole. Donc, nous ne sommes pas éligibles au label végan. »

J'aurais dû voir le coup venir. Pourtant, je suis ébahi… Sous couvert de respect de la vie et de la planète, aidé par un petit logo vert au joli graphisme, le vin végan se fait désormais passer pour écologiquement vertueux mais préférera une récolte toute mécanique et des engrais chimiques. Malgré une dégustation formidable, j'ai quitté le domaine de Pape Clément avec une légère amertume en bouche…

CHAPITRE 3

Dans la tête du végan

Le relativisme me semble être l'une des plaies de nos sociétés. « Tout se vaut » constitue un slogan dévastateur, minant les fondements de notre vision du monde. Non, tout ne se vaut pas. Le règne du « même », de l'indifférencié fait des ravages et n'a pas de sens. Il existe des différences, reconnaissons-les, respectons-les et apprécions-les ! Le monde uniforme, identique, s'apparente à un cauchemar ou à un rêve pour certains totalitaristes.

Le mouvement antispéciste refuse toute différence, toute hiérarchie entre l'homme et les autres espèces.

Décortiquons leur logique. Si toutes les espèces sont égales, elles doivent donc être traitées de manière identique. Cela implique des droits égaux entre l'homme et l'animal (droit à ne pas souffrir, droit à vivre librement, jusqu'au droit à la retraite…). Mais qui dit droits dit aussi devoirs.

L'état de droit implique un pacte social, mais dans le cas de l'animalisme il s'agirait plutôt d'un pacte « spécial » : à savoir entre les espèces. Dans cette communauté des espèces, que pourrions-nous donc demander aux animaux ? De ne plus s'en prendre à nos cultures devenues d'autant plus indispensables que nous ne consommerions plus rien émanant de l'animal ? Faudrait-il implorer les grands carnivores de ne plus nous dévorer ? Cela prête à sourire, mais pour David Olivier, cofondateur des *Cahiers antispécistes*, convertir les lions au véganisme et empêcher la prédation dans le monde sauvage est une question primordiale. Des vidéos édifiantes de M. Olivier sont visibles sur YouTube. Un visionnaire pour certains, un homme dangereux selon moi, car vouloir modifier la nature profonde des animaux ou de l'homme est une violence inouïe.

La mise en place du projet de société animaliste repose sur le changement radical des êtres vivants ou leur éducation afin de rendre responsables des animaux qui par essence sont irresponsables.

Ils ne font pas le bien ni le mal. Ils sont ! Dans une immanence totale, leur existence est régie par l'instinct de survie et des impératifs essentiels : manger et se reproduire.

La violence, le rapport de force, la loi du plus fort ou du plus toxique régissent le règne animal. Le contester est une folie d'apprenti sorcier. Et le seul être vivant responsable, capable de répondre de ses actes est l'homme, qui peut lutter contre le recours primaire à la loi du plus fort, toujours prête à resurgir.

Demander aux animaux de se contraindre est une utopie. Ce qui pose un problème logique de taille, car une fois des droits égaux établis entre les êtres vivants, seuls les hommes auraient des devoirs.

De facto, cela ferait de l'espèce humaine une sous-espèce, celle qui devrait subir la nécessaire irresponsabilité du monde animal, comme l'idéologie du réensauvagement version antispéciste le démontre.

En théorie, le retour des grands prédateurs (ours, loups, lynx...) doit permettre de retrouver les équilibres originels, perturbés par les méfaits infinis causés par l'homme. En théorie seulement car, sur le terrain (Pyrénées, Alpes et France septentrionale), les ruraux vivent à présent un enfer, comme il est possible de le lire presque tous les jours dans la presse quotidienne régionale...

L'antispécisme prônant la non-différenciation et la non-hiérarchisation des espèces, l'homme, un animal parmi d'autres omnivores et donc également carnivore, aurait théoriquement comme les autres espèces le droit de participer à la régulation... C'est évidemment en dehors du champ de vision des antispécistes. En réalité, les animaux sauvages s'autoréguleraient et l'humain serait le spectateur passif de ce nouvel ordre. Conséquence directe, nous serions réduits à devenir des animaux de seconde zone... rompant ainsi le sacro-saint principe d'égalité de l'animalisme. Sophisme après sophisme, l'idéologie végane a bien du mal à ne pas s'empêtrer dans les contradictions.

En réalité, c'est la haine du genre humain et non l'amour des animaux qui représente l'un des fondements des théories animalistes et de l'écologie radicale, à l'origine desquelles on distingue deux approches opposées.

La première, que j'appelle « kantienne », considère l'homme comme un être supérieur, capable d'envoyer des hommes sur la Lune, de développer des nanotechnologies, de faire traverser la planète à des données en une fraction de seconde, de penser l'infini, de sortir de son immanence et de prendre du recul. Dans l'approche kantienne de l'écologie radicale, l'homme est donc perçu comme un être vivant supérieur, capable de tous les exploits. Cette suprématie technique et intellectuelle doit permettre à l'homme de ne plus s'immiscer dans le fonctionnement de la nature, de ne plus la troubler, de ne plus la souiller. Régie par des lois qui la dépassent, celle-ci est soumise à elle-même et tous les êtres vivants – à l'exception de l'homme – qui la composent sont eux dans une immanence totale. Les êtres humains, supérieurs par essence, ne doivent pas ou plutôt ne devraient plus gâcher cet ordre des choses qui s'agence si bien sans eux. Entassés dans des villes, nourris de rations, nous laisserions enfin cette nature fantasmée s'autoréguler sans les parasites que nous sommes. Nous aurions le droit de temps en temps d'utiliser notre ticket de rationnement naturel pour aller voir dans des zoos géants, sortes de Thoiry primitifs, les derniers animaux sauvages, nous faisant croire que le grand projet antispéciste a réussi. Et pourtant, les autres êtres vivants auront disparu. On aura détruit leurs biotopes devenus inutiles pour tirer de la terre ses richesses fossiles et minérales et pour étendre au maximum la surface agricole utile. Il n'y aura plus d'hommes dans ces milieux définitivement abandonnés à l'industrie. Des robots s'occuperont de toutes les besognes et déverseront leurs produits chimiques sur une terre qui dépérira à mesure que la propagande antispéciste se félicitera d'être parvenue à diminuer drastiquement la souffrance animale.

Ce scénario se met lentement en place. Des tracteurs connectés déversent au mètre près les quantités voulues d'engrais et de pesticides en fonction de la cartographie de la qualité des sols. Il y a certes toujours un homme aux commandes, qui contrôle le bon déroulement du processus. Le paysan est devenu un contremaître spécialisé, mais combien de temps encore sera-t-il utile ? Nous entrons doucement dans le monde décrit par Harry Harrison dans *Soleil vert,* car après la ration pour la terre viendra la ration pour l'être humain.

La deuxième approche de l'écologie radicale est celle que j'appellerais « janséniste ». Dans la lignée de Blaise Pascal qui considérait Dieu comme la perfection et l'homme comme l'être péchant, imparfait et limité car fini. Fini parce que prisonnier d'une vie matérielle courte qui n'est rien à côté d'une possible vie éternelle à la droite de Dieu. Imparfait parce que pensant l'infini, mais figé par la vie terrestre. Les jansénistes, qui étaient des grands misanthropes, considéraient l'homme comme pourri puisque capable de faire le mal, porteur de péché, misérable en comparaison du Créateur, car composé de chair finissant en charogne.

Remplacez Dieu par la nature et vous obtenez le courant d'inspiration janséniste de l'écologie radicale. Dans ce dernier, la nature est considérée comme un absolu, un être supérieur, parfait et sans défaut qui se régit de manière idéale du moment que cet être perverti et minable qu'est l'homme ne s'y immisce pas. S'il le fait, l'homme souille, gâche, rompt les équilibres célestes du sauvage. Cette approche janséniste de l'écologie est malheureuse à plusieurs égards. Elle porte en elle une détestation profonde et irrépressible de l'homme. C'est le courant le plus répandu dans les groupuscules et associations se réclamant de l'écologie, considérant la nature comme parfaite, et la rêvant pure et non souillée par l'homme.

Contre la vie

Se parant ainsi des attraits d'une fausse écologie, promouvant un prétendu respect du vivant et voulant faire de tous les êtres vivants des égaux, l'antispécisme laisse donc à penser au profane qu'il est du côté de la vie. Ce qui est complètement faux.

Cette doctrine entend au contraire dénaturer les êtres vivants carnivores et omnivores pour les rendre végétaliens. Si cela peut prêter à sourire pour les carnivores sauvages, *a fortiori* pour les félins, qui ne se nourrissent que de protéines, le simple fait d'envisager un changement impossible révèle le fond de cette pensée. Modifier la nature profonde des animaux sauvages et de l'homme en tâchant de révolutionner leur système alimentaire n'a rien de commun avec le respect du vivant. Se croire tout-puissant au point de vouloir bouleverser des chaînes alimentaires séculaires est un projet prométhéen, fou, démesuré !

Bafouer la nature des êtres, c'est agir contre la vie, comme l'illustre cette expérience en Catalogne. Les associations écoradicales et antispécistes voulant faire disparaître la chasse ont tenté de stériliser les sangliers en utilisant un vaccin contraceptif mis au point aux États-Unis, le GonaCon, qui fonctionnait très bien sur les porcs[1]. Cette initiative traduit le nihilisme profond qui anime l'antispécisme. Pour ne pas avoir à donner la mort, les animalistes catalans souhaitent empêcher des animaux sauvages de naître. Ces militants se positionnent littéralement contre la naissance et la mort, c'est-à-dire contre ce qui fait l'alpha et l'oméga de la vie : ils sont

1. Source : « Contraceptives para jabalíes », (« Contraceptifs pour sangliers »), ElPais.com, 22 février 2017.

donc contre la vie. Leur propagande sur les réseaux sociaux, leurs discours parfaitement huilés peuvent clamer le contraire, mais comme nous allons le constater, les faits et la logique sont têtus.

CHAPITRE 4

Le véganisme en pratique : êtes-vous le prochain sur la liste ?

Selon le grand historien Marc Bloch, le totalitarisme commence lorsque l'ordre des valeurs est inversé. Une lecture qui aurait apporté beaucoup aux végans : ils sauraient que leur idéologie a déjà fait l'objet d'applications bien réelles. Peut-être le savent-ils, en réalité, ce qui serait plus terrifiant.

Quand les apprentis sorciers appliquent leurs théories

Ce mythe de la nature parfaite et non souillée par l'homme était en effet cher au IIIe Reich et aux nombreuses premières lois animalistes que les nazis ont mises en place. De 1933 à 1938, diverses lois encadrant l'abattage des animaux et entravant la chasse furent promulguées. En 1936, c'est Hermann Göring, un des hommes clés du régime nazi, qui prend les commandes de cet embryon d'animalisme via l'Office des forêts du Reich qu'il dirige. Dans la forêt primitive de la Bialowieza, à la frontière de la Pologne et de la Biélorussie, le dignitaire nazi essaiera de recréer une nature parfaite. Il tentera également de redonner naissance à l'aurochs – massif bovin primitif disparu et « aryen » selon les nazis car noble et pur. Pour « protéger » cette idée de nature parfaite qu'il veut instaurer dans la Bialowieza, Hermann Göring va faire pourchasser des réfugiés dans le tréfonds de la forêt primitive. Opposants politiques, francs-maçons et juifs – fuyant les pogroms – y sont assassinés sans ménagement bien avant la mise en place de la Solution finale car il ne faut pas souiller la nature noble et supérieure, la nature aryenne, la nature de la branche janséniste de l'écologie radicale, par une présence humaine.

Aujourd'hui, ces dérives dans la manière de concevoir la relation de l'homme à son environnement se retrouvent dans l'idée même des réserves nationales intégrales. Comme nous sommes supérieurs, comme la nature est fragile, comme l'homme souille tout ce qu'il touche, il faut absolument l'exclure de milieux considérés comme sensibles. Sans cet homme si néfaste pour les équilibres, le rêve de la nature originelle et parfaite serait à portée de main. Une nature fantasmée contredite par la réalité anthropologique et... les résultats d'expériences pétries de « bonnes intentions ».

Il est ainsi aux Pays-Bas une réserve qui pourrait être un paradis, mais qui est devenue peu à peu un enfer ! Enfer dont les « amis » des animaux, détenteurs du monopole de la bonne conscience, ne parlent pas beaucoup... Cette réserve hollandaise, c'est Oostvaardersplassen. Située à une quinzaine de kilomètres au nord-est d'Amsterdam, elle s'étend sur environ 6 000 hectares (60 kilomètres carrés). Ce site d'intérêt majeur pour de nombreux oiseaux migrateurs est préservé du drainage, du béton, des pesticides et entretenu par des animaux brouteurs et non des tracteurs. Les animaux sont souvent plus efficaces que les machines, ils coûtent en principe moins cher, peuvent être, sauf folie, réutilisés à d'autres fins, et leur bilan carbone est excellent (malgré toutes les âneries que l'on peut entendre sur les pets de vache). Ainsi, chevaux koniks, aurochs de Heck et cerfs élaphes ont été introduits dans cette réserve pour que la roselière et la forêt reculent et que les herbages prospèrent. De prime abord, le projet apparaît sain et pétri de bon sens... Mais (parce que, avec l'écologie radicale gangrenée par l'antispécisme, il y a toujours un « mais ») les choses ont fini par dégénérer.

Oostvaardersplassen a été entourée de grillage pour contenir les animaux dans un périmètre bien défini. Là encore, rien à redire. Mais la nature étant bien faite, les populations de chevaux, d'aurochs et de cerfs ont proliféré. Les roseaux ont été contrôlés et ont reculé. La forêt également. Ainsi, très vite, la ressource a fini par manquer, chevaux, aurochs et cerfs ne s'alimentant pas sous l'eau… Aucune régulation n'a été apportée à ces populations en forte croissance. Résultat de l'opération ou plutôt de l'inaction portée par les théories et l'idéologie : durant l'hiver 2017-2018, sur les 5 230 chevaux, aurochs et cerfs présents à Oostvaardersplassen, 3 400 sont morts de faim, de parasitoses – provoquées par la sous-alimentation et la surpopulation – ou ont été abattus[1].

Évidemment, toutes les bêtes ont été incinérées. Magnifique exemple de développement non durable, avec la perte de plus de 850 tonnes de viande qui aurait pu être valorisée. Et encore ne parle-t-on pas du bilan carbone de l'opération : imaginez la quantité de gaz nécessaire pour réduire en cendres quelque 2 000 tonnes d'animaux morts… Il n'a pas été question non plus de son coût pour les contribuables hollandais et européens. D'autres choix étaient pourtant possibles. Ces animaux auraient, par exemple, pu être vendus à des éleveurs désireux de développer les koniks ou les aurochs ou pour entretenir d'autres espaces naturels ; ou abattus et consommés… Je n'ai jamais mangé de konik ni d'aurochs. En ce qui concerne les cerfs élaphes, je suis un habitué et je peux affirmer que c'est une viande absolument exquise.

1. Source : « Battle to save starving horses after plan to allow them to roam free on man-made land back fired and thousands had to be shot in the Netherlands », DailyMail.co.uk, 24 août 2018.

Sauf qu'acheter au site d'Oostvaardersplassen des animaux aurait contrevenu aux principes fondamentaux des antispécistes. Enclavés dans leur grande réserve, un sanctuaire XXL comme en rêvent toutes les associations écoradicales, les animaux étaient prétendument « libres », livrés à eux-mêmes en dehors de la mainmise de l'homme... Nous avons vu le résultat.

Autre exemple de l'incurie à l'œuvre lorsque les esprits tordus dictent leurs lois. En Hollande, on a préféré détruire froidement, administrativement, plutôt que de chasser avec respect, incinérer plutôt que de se nourrir de la venaison. Financés par des aides européennes[2], les Néerlandais ont pris l'habitude de capturer oies cendrées et bernaches nonnettes pendant la mue de leurs plumes, moment où elles ne peuvent plus voler, et de les gazer puis de les incinérer. L'Europe qui subventionne à hauteur de dizaines de millions ce gâchis honteux interdit dans le même temps aux chasseurs français de prélever quelques milliers de ces oiseaux en février, ayant édicté une directive aux relents totalitaires et culturocides. Ainsi, en Hollande, sur l'autel de la pensée unique des écoradicaux et des antispécistes sont sacrifiées et gâchées chaque année des centaines de tonnes de protéines !

Le projet animaliste et antispéciste n'a donc rien d'une utopie humaniste. Il ne contient rien d'angélique, de positif

2. Source : « Blaye : en mission pour les chasseurs d'oies », SudOuest.fr, 2 juin 2015.

ni de bienveillant. Ni pour l'homme ni même pour l'animal. Vouloir nous empêcher d'être ce que nous sommes depuis des centaines de milliers d'années est un projet criminel.

Et demain, à qui le tour ?

Le projet animaliste ne se cantonne malheureusement pas au stade de la douce rêverie. Pour perpétrer leur crime, les antispécistes ont une stratégie : faire tomber un à un les bastions de l'ennemi en attaquant sans relâche les spécistes, ceux qui exploitent l'animal. La tactique très efficace qu'ils utilisent a été mise au point par les communistes après la Seconde Guerre mondiale et théorisée par l'homme politique hongrois Mátyás Rákosi, chef du PC hongrois après-guerre : la « tactique du salami ». Elle consiste à éliminer tranche après tranche tous les obstacles, toutes les oppositions en supprimant toutes les activités et tous les mouvements populaires qui font barrage à l'idéologie que l'on défend et à la marche vers le pouvoir. Si l'on a connu un échec, on recommence par un autre biais, inlassablement. L'objectif est de fatiguer, tétaniser et paralyser l'adversaire, de l'empêcher de reprendre l'offensive. Tous les moyens sont bons ; il y a parfois des répits mais jamais d'arrêt définitif de la lutte qui ne prend fin qu'après éradication complète de tous les opposants. Pour l'heure ce sont les cirques avec animaux, les delphinariums et quelques chasses traditionnelles qui ont été sacrifiés en vertu de la « tactique du salami ». Demain, à qui le tour ? Pourtant ces chasses traditionnelles (glu, tenderie, matole...) sont extrêmement réglementées et surveillées. Témoin du génie de nos ancêtres, elles sont des survivances, pratiquées par une poignée de gens de la terre. Leur principal crime est peut-être qu'elles ne créent aucun déchet, n'utilisent aucune technologie et sont donc durables indéfiniment...

La fin de l'élevage, seulement le premier mot d'ordre

L'élevage industriel intensif constitue aujourd'hui l'ennemi public numéro un des animalistes : 80 % des Français y seraient opposés et pensent qu'il faudrait donc l'interdire. Ce modèle d'agriculture, pour l'élevage comme pour le reste, a conduit les paysans à la ruine et au malheur comme le dénonce le personnage joué par Guillaume Canet dans le film *Au nom de la terre.* Mais l'interdire sans contrer le libre-échange qui permet à la grande distribution ou aux fournisseurs de restauration collective d'importer toujours moins cher ne conduira qu'à faire disparaître définitivement l'agriculture française et à délocaliser la souffrance animale comme on a délocalisé la pollution vers les usines chinoises.

Un animal maltraité dans le cadre de l'élevage n'est pas rentable. S'il est stressé, mal nourri, s'il souffre d'une manière ou d'une autre, cela altère son développement. Il ne prend pas la masse escomptée, ne produit plus les litres de lait souhaités, ne pond plus suffisamment, fournit moins de laine, ou une laine de piètre qualité. Finalement, l'animal n'est pas utile, car il n'est pas rentable. Dans le même ordre d'idées, un animal abattu dans de mauvaises conditions est moins bon à consommer. Il génère des hormones de stress et des toxines qui altèrent la qualité de sa chair.

Si les intentions des associations antispécistes étaient seulement d'œuvrer au bien-être animal et non de nous imposer le véganisme et des produits de substitution à la viande, pourquoi au lieu de dénoncer l'élevage intensif ne font-elles pas la promotion du cochon de toit domestique ? Comprenez le cochon élevé à l'ancienne par les particuliers qui en ont la possibilité et la volonté. Ce fameux cochon si savoureux est en plus vertueux. En effet, il se nourrit de nos déchets organiques et donc réduit le ramassage des ordures et le gaspillage. Mais la loi interdit de nos jours de détenir un cochon et de le tuer sans passer par un abattoir, autre lieu mis au pilori par L214 et ses amis. Cela, ils ne veulent pas l'autoriser alors que le bon sens l'exigerait. Ce qu'ils veulent, c'est culpabiliser, interdire et empêcher.

Car enfin, personne dans la filière de l'élevage, qu'il soit intensif ou extensif, n'a intérêt à maltraiter les animaux. C'est même l'inverse ! L'intérêt matériel et donc économique de toute la filière dépend de l'amélioration des conditions d'élevage et d'abattage des animaux élevés. Des efforts considérables sont faits en ce sens, et cela d'autant plus que nos éleveurs ont des marges extrêmement réduites et se battent pour survivre.

Les gens de la terre, éleveurs professionnels ou amateurs, utilisent le terme « soigner » au lieu de « nourrir » quand ils parlent de leurs animaux, et cela n'a rien d'anodin : ils soignent leurs bêtes parce que dans les faits ils en prennent soin ! Ce qui d'ailleurs explique à soi seul les pleurs et la détresse abyssale des bergers dont les animaux sont dévorés et mutilés par les ours et les loups. Ils en prennent soin, car il y va de leur survie ; là se joue la rentabilité de leur activité. Ils en prennent soin car ils respectent profondément leurs bêtes, les aiment. Oui, les aiment. Mais les aiment en tant que bêtes, comme des animaux, pas comme un être humain. J'ai vu plusieurs fois des éleveurs pleurer une vache, vieille camarade de route. Pour la remercier des nombreux veaux magnifiques qu'elle lui a donnés, ce bon paysan la garde à la ferme jusqu'au bout et est à ses côtés dans l'étable quand la vie la quitte. Pour ne pas comprendre cela, il faut ne pas être humain. Il faut être un urbain déraciné perdu dans les tourbillons de la virtualité.

Les méthodes des associations antispécistes et éco-radicales sont honteuses. Elles utilisent le fait divers, le comportement déviant pour stigmatiser une catégorie de Français identifiés et la faire mettre au ban du reste de la société civile. Qu'importe le travestissement des faits, qu'importent les mensonges… Or ces méthodes sont à l'origine du délitement du pacte social français, du vivre-ensemble. À force d'être opposés les uns aux autres par catégories grossières, nous ne savons plus nous regarder que de travers, et plus personne ne se parle.

Et si, n'étant ni éleveur ni chasseur, vous vous estimez à l'abri de cette hostilité, demandez-vous un instant si un tel totalitarisme vous laissera encore longtemps prendre soin de vos animaux de compagnie. Certes, pour arracher des voix à des électeurs perdus et à des âmes égarées, le Parti animaliste met en scène des animaux domestiques sur ses affiches. Il est vrai aussi que le site de la Fédération végane oppose encore le confort promis à un animal dit « de compagnie » au sort moins enviable de ceux qui sont élevés pour être mangés. Mais dans cette idéologie totalitaire, toute exploitation est condamnable. Les animaux domestiques ne naissent-ils pas eux aussi dans la servitude, au terme d'une reproduction dirigée qui, opérée depuis des millénaires, appauvrit leur génome, et ne mènent-ils pas dans le meilleur des cas une existence faite d'ennui lorsqu'ils ne sont pas maltraités, abandonnés par dizaines de milliers chaque année sur la route des vacances, ou tués par des balles perdues à la chasse ? Ces propos ne sont pas les miens, mais bien ceux des antispécistes. Vous en doutez encore… Regardez les folies qu'ont tenté de faire passer les associations animalistes lors de la loi contre la maltraitance animale du député Dombreval. Le projet de loi initial prônait entre autres l'interdiction des associations sans refuge. Cela aurait eu pour conséquence de vouer à l'euthanasie des milliers d'animaux… Quand je vous dis que l'animalisme n'a aucun souci réel des animaux.

L'intention des antispécistes ne fait donc aucun doute à terme : les propriétaires d'animaux de compagnie – chiens, chats, serins ou lapins… – sont les prochains sur la liste noire. D'ailleurs, toujours dans cette fameuse loi Dombreval, une liste « positive » a été établie. Cette dernière indiquera quels animaux pourront être détenus par nos concitoyens et si oui ou non il faudra être « capacitaire » (passer un permis ou suivre une formation) pour posséder tel ou tel animal. Je ne vous fais pas de dessin… Derrière le projet antispéciste, il y a l'intention de défaire et d'empêcher tous les liens entre les hommes et les autres animaux. De transformer ces derniers en êtres vivants évoluant en parallèle des êtres humains, sans interactions. Ce projet est porté par des activistes appelés les « véganiens » : des végans qui en plus s'opposent à la détention d'animaux quelle qu'en soit la raison.

CHAPITRE 5

Un double jeu constant

Antispécisme et anticapitalisme cheminent généralement main dans la main. À écouter les militants, le capitalisme serait en effet la source de tous les maux et de toutes les dérives. Pourquoi pas, après tout ? Ils ne seraient pas les premiers à dénoncer le règne du profit et les méfaits du libre-échange, parfois avec pertinence. Mais le problème est ailleurs. La question qui se pose est celle de la sincérité. Car véganisme et animalisme entretiennent en réalité une relation étroite et complice avec le capitalisme. Il n'est pas exagéré de dire que l'un ne va pas sans l'autre. Les points communs sont d'ailleurs plus nombreux qu'il n'y paraît.

Tout d'abord, les militants végans et animalistes utilisent toutes les recettes éprouvées par les plus grandes entreprises : lobbying, communication, publicité, levées de fonds et commandos en col blanc constitués des représentants de cabinets d'avocats et de banques d'affaires redoutablement efficaces… Rien ne manque ! Ainsi à Bruxelles, siège de la Commission européenne, environ 26 500 lobbyistes s'échinent. En mars 2019, ils étaient 3 160 à travailler pour des ONG[1]. Dans cette armée des gens de l'influence, on dénombre une quarantaine de lobbyistes antispécistes qui font pression pour que se diffusent leurs thèses.

Ensuite, pour financer leurs actions, ces activistes radicaux disposent de moyens importants. Ils proviennent très souvent de généreuses donations de milliardaires qui, au passage, peuvent bénéficier de mécanismes de défiscalisation. En France, nous avons Xavier Niel. Lui donne de son temps et de son image pour aider les antispécistes de premier rang. Nous reviendrons d'ailleurs plus tard sur ses investissements dans des sociétés de biotechnologies et d'agrotechnologies.

Enfin, aux États-Unis, et plus particulièrement en Californie, de nombreuses passerelles ont été créées entre la finance, les nouvelles technologies et les mouvements écologistes radicaux.

Officiellement, si l'on écoute les activistes, le capitalisme serait donc l'ennemi. Mais un ennemi d'un genre bien particulier, avec lequel, plus discrètement, ils marchent main dans la main. Creusons un peu…

---

1. Source : « Petit guide de lobbying dans les arènes de l'Union européenne », LeMonde.fr, 23 mai 2019.

Au service d'une nouvelle alimentation

Dans son excellent ouvrage *Steak barbare*, Gilles Luneau avance une hypothèse : et si la commercialisation des produits de substitution à la viande, à base de protéines végétales, comme les « steaks » de soja par exemple, ne constituait en réalité que la première étape d'un véritable crime contre notre alimentation naturelle traditionnelle ?

Dans l'enfer de la *vegan mafia*, cet « empire du faux », pour reprendre l'expression de Gilles Luneau, l'agenda caché consisterait en réalité à préparer le terrain à l'agriculture cellulaire. L'emploi du terme « agriculture », parfaitement impropre, n'étant pas, mais alors pas du tout, le fruit du hasard ! Il s'agit au contraire, avec ce mot, de brouiller les pistes en préparant tout simplement la substitution d'une alimentation artificielle à l'alimentation naturelle traditionnelle.

Oui, si vous déplorez parfois que les tomates n'aient plus le goût d'antan, vous n'êtes pas au bout de vos surprises ! Demain, les protéines animales produites à partir de cellules-souches seront la base de vos repas. Mais aucune inquiétude, bien sûr, le process est parfaitement maîtrisé, *in vivo*, en laboratoire. La preuve : il sert déjà pour les greffes de peau des grands brûlés, clament avec fierté les militants de la cause. Un effort de recherche supplémentaire permettra de produire sans problème du muscle de bœuf, de poule ou du foie gras, dans un milieu stérile avec, à la baguette et au microscope, des laborantins vêtus de blouse blanche… La manipulation se révélerait très simple : il suffit de prélever des cellules-souches de l'animal ciblé par la production en laboratoire, puis de les manipuler dans un « cultivateur » où sont reproduites les conditions de leur développement. On finit, comme par magie (plutôt noire et inquiétante…), par obtenir le produit souhaité. Bon appétit et bienvenue dans le « meilleur des mondes » d'Aldous Huxley.

Et pour continuer à brouiller les lignes, l'association Agriculture Cellulaire France a choisi un coq de basse-cour pour logo ! Un fier et beau coq gaulois ! Celui que l'on voit trôner avec panache sur un tas de fumier fumant à la recherche de vers de terre. Entouré de ses poules bigarrées, sublimé de sa grande crête rouge vif, témoin de sa santé, il chante à qui veut l'entendre sa supériorité et son bonheur d'être maître coq ! Un coq qui n'a pourtant pas grand-chose à voir avec ces nuggets en chair de poulet de laboratoire que voudraient nous vendre les apprentis sorciers végans.

Cette viande relève-t-elle de la légende urbaine ? Comme vous, je préférerais le croire, mais, derrière cet empire du faux, ce règne de l'artificiel, cette négation de la nature, on trouve en réalité – et assez facilement – plusieurs milliardaires, magnats de la Silicon Valley, anciens de Facebook, WhatsApp et Google. Preuve que l'investissement doit en valoir la peine…

Nous retrouvons la plupart de ces ultra-riches de la tech au sein de l'Open Philanthropy Project dirigé par Cari Tuna, femme d'un des fondateurs de Facebook, Dustin Moskovitz.

Une organisation proche d'Animal Charity Evaluators, autre institution faisant figure de supraconscience édictant le bien et le mal dans les rapports de l'homme aux animaux.

Des fonds d'investissement, abondés par ces mêmes riches et puissants hommes d'affaires, injectent massivement du cash dans des start-up et des laboratoires développant la production de protéines animales sans animaux. Ainsi, la société Memphis Meat, basée en Californie (encore – preuve qu'industrie du numérique et antispécisme avancent très souvent main dans la main), a levé 161 millions de dollars en janvier 2020[2]. Dans le tour de table, on retrouve Bill Gates (fondateur de Microsoft), Richard Branson (fondateur de Virgin Group) et Niklas Zennström (fondateur de Skype)[3]. Jeff Bezos (fondateur d'Amazon), Sergey Brin (fondateur de Google) et l'inévitable Bill Gates investissent dans d'autres sociétés du même genre[4]. Les fondations, quant à elles, apportent leur soutien à des associations antispécistes comme L214. Ainsi, l'Open Philanthropy Project finance L214 depuis 2017. En novembre 2020, 1,2 millions d'euros gonflait les caisses de l'association[5].

2. Source : « Levée de fonds sans précédent pour une start-up de viande à base de cellules », LeFigaro.fr, 22 janvier 2020.

3. Source : « Mangerez-vous de la viande sans animaux ? Bill Gates et Richard Branson parient sur la "viande propre". », positivr.fr, 30 août 2017.

4. Source : « Niklas Zennström, Bill Gates och Richard Branson backar hans labbodlade kött » (« Niklas Zennström, Bill Gates et Richard Branson soutiennent leurs viandes cultivées en laboratoire »), di.se, 23 août 2017.

5. Source : « Lobbying, industrie : l'association L214 se fait financer par des entrepreneurs américains », ValeursActuelles.com, 21 mai 2021.

Les mêmes mécènes qui soutiennent d'un côté des associations et des lobbyistes dont le but est d'interdire toute utilisation de l'animal financent aussi des start-up qui pourraient un jour produire en masse de la protéine animale en laboratoire. Il n'est pas interdit d'y voir une sorte d'OPA hostile sur ce que l'homme a de plus cher et de plus primitif : son alimentation.

Les militants antispécistes apparaissent alors comme les idiots utiles du capitalisme. Motivés par l'émotion seule, animés par des bons sentiments, ils préparent en fait la privatisation de notre alimentation et la fin de la délocalisation de notre agriculture pour le plus grand plaisir des grands groupes et des grandes fortunes mondiales. Pour résumer, milliardaires et zadistes, même combat !

À nouveau, il serait possible d'en rire. En poussant un peu plus loin la logique antispéciste, pourquoi ne pas se pencher par exemple sur la souffrance des cellules-souches utilisées dans cette viande éprouvette ? Celles-ci, en toute logique, sont sensibles puisqu'elles réagissent à un environnement favorable ou défavorable. Même en éprouvette, les protéines animales véganes souffrent ! Il faut agir ! Mais il semblerait que la logique militante s'arrête quand ça l'arrange. C'est à cela que l'on reconnaît une idéologie.

Enfin, selon Jean-François Hocquette, physiologiste et spécialiste des produits animaux à l'Inrae : « la communauté scientifique internationale apparaît beaucoup plus réservée que les médias. Outre d'importantes limites techniques, il existe en effet de nombreuses incertitudes sur les avantages nutritionnels et environnementaux de la viande *in vitro*[6]. » Et d'ajouter : « Ce milieu de cultu-rereprésente un véritable défi, car il doit contenir des hormones et des facteurs de croissance traditionnellement apportés par du sérum de veau fœtal, ce qui nécessite l'abattage de vaches gestantes[7]. » Les alternatives au sérum de veau fœtal étant au stade du prototype. Ce qui n'empêche pas l'égérie des animalistes et militant du bien-être animal Hugo Clément, journaliste, de déclarer que la nourriture cellulaire est « une piste intéressante, qu'il ne faut pas écarter par idéologie[8] ». Quand l'indignation est asymétrique ou liée à des intérêts économiques…

Déjà disponible aux USA et très vite en France !

Nous venons de citer abondamment les États-Unis, mais la France n'est pas épargnée par cette offensive. Longtemps, il fut coutume de dire qu'il fallait attendre dix ans après leur avènement aux États-Unis pour que les réussites, produits, concepts ou catastrophes expérimentés là-bas se déploient dans notre bel Hexagone…

6. Source : « La viande in vitro, une voie exploratoire controversée », inra.fr, 6 janvier 2021.

7. *Ibid.*

8. Source : « Pour Hugo Clément, la nourriture cellulaire est "une piste intéressante, qu'il ne faut pas écarter par idéologie" », LaDepeche.fr, 28 juillet 2021.

Mais depuis que le numérique domine, cette règle a volé en éclats.

Nous avons, nous aussi, notre champion antispéciste, notre milliardaire qui investit massivement dans des sociétés de biotechnologies et d'agrotechnologies. Nous l'avons déjà évoqué, c'est de Xavier Niel, le fondateur de Free, qu'il s'agit. Une fortune estimée à 7,7 milliards d'euros et un véritable cas d'école. L'homme d'affaires a initié notamment avec Hugo Clément, journaliste de France 2, un référendum d'initiative partagée (RIP) pour les animaux, dans le but de faire interdire plusieurs pratiques jugées indignes par les antispécistes. Par ailleurs, via son fonds d'investissement dédié au capital-risque, M. Niel finance les « foodtechs » françaises telles que 77 Foods qui ambitionne de « faire du délicieux bacon à partir de plantes[9] ».

Une offensive dont les enjeux n'ont pas échappé à Natacha Polony, directrice de la rédaction de *Marianne*. Elle les aborde dans un article du 10 septembre 2020 au titre parfaitement évocateur : « Voici l'histoire de trois millionnaires qui courent après la démocratie pour les animaux, mais pas pour les humains ». « Pour autant, l'offensive de végétariens qui tentent de faire passer pour un assassin quiconque se nourrit de viande, niant notre appartenance au règne animal, a quelque chose d'effrayant. Et l'on devrait pouvoir entendre certains

9. Source : www.kimaventures.com/portfolio.

défenseurs de la chasse qui nous rappellent le sens qu'il y a à assumer que se nourrir n'est rien d'autre qu'absorber du vivant, même si notre époque hygiéniste préfère nous le masquer en nous faisant consommer viandes et légumes sous plastique. »

L'ambition de Xavier Niel ne se limite pas à la France. Aux côtés de Jeff Bezos, de Bill Gates et de Richard Branson, il a également participé au tour de table de Motif Ingredients, une alitech (société de néotechnologies appliquées à l'alimentaire) dont le projet est de produire des alternatives végétales au lait, aux œufs et à la viande[10].

Quand la première usine de la start-up française Les Nouveaux Fermiers, qui entend produire des « steaks », « nuggets » et « aiguillettes » à partir de protéines de blé, de pois jaunes, de fèves et de soja[11], ouvre ses portes, on retrouve encore le nom de Xavier Niel dans le montage financier.

Il est d'ailleurs très instructif d'écouter attentivement le discours de deux fondateurs des Nouveaux Fermiers. Dans l'article « Substituts végétaux de viande : lancement de la première usine en France "Les nouveaux fermiers" » daté du 21 septembre 2020, Guillaume Dubois et Cédric Meston clarifient leurs objectifs :

10. Source : « Cette pépite de la foodtech qui attire la crème des investisseurs », LesEchos.fr, 5 mars 2019.

11. Source : « Une première usine de "viande végétale" a ouvert en France », OuestFrance.fr, 28 septembre 2020.

« Notre positionnement, c'est la santé, nous avons concentré l'innovation sur la santé en obtenant des produits contenant quatre fois moins de gras saturé que la viande par exemple. » Un classique, avec un sous-texte évident pour tous : la viande est mauvaise pour la santé ! Cédric Meston ajoute qu'ils veulent devenir « la référence des Français dans la transition alimentaire ». La messe est dite : la viande est trop grasse, les vaches émettent des gaz nocifs et consomment trop d'eau. Haro sur l'élevage ! Conclusion logique : mangeons les produits estampillés « Nouveaux Fermiers ». Et, comme le veut la règle d'or des journalistes-enquêteurs, « il faut toujours suivre l'argent » : d'ici à quinze ans le marché de la viande végane pourrait représenter 100 milliards de dollars[12]. Une estimation qui n'a pas dû échapper à ces philanthropes.

Il est curieux de constater avec quelle constance les militants végans radicaux se trompent de lutte. S'ils se rapprochent du « grand capital » pour produire de la viande cellulaire, ils le combattent férocement quand on évoque les laboratoires pharmaceutiques. La recherche médicale se trouve régulièrement dans le viseur des militants. Les tests sur les animaux existent, c'est vrai. Ils sont nécessaires et sont à l'origine de bien des vaccins, bien des traitements. Dans les labos, des animaux souffrent

12. Estimation de la banque Barclays, source : « Une usine va produire pour la première fois de la viande végétale en France », RTL.fr, 23 septembre 2020.

non par sadisme ou déviance, mais pour sauver des vies animales et humaines. Et tout est mis en place dans ces centres pour limiter la souffrance de ces bêtes.

Les laboratoires ont figuré parmi les premières victimes des opérations coups de poing antispécistes. Dès 1975, le gourou Peter Singer l'a dénoncé dans son ouvrage fondateur : *La Libération animale*.

Et qu'importe, une fois encore, que les animaux domestiques eux-mêmes aient pu bénéficier de la recherche médicale contre la rage et, par extension, les animaux sauvages, puisqu'ils n'ont pas été contaminés par des animaux domestiques porteurs de pathologies bactériennes ou virales…

La vaccination a permis d'épargner des centaines de millions de vies humaines… Selon l'OMS, les grosses épidémies de rougeole décimaient, avant le vaccin, jusqu'à 2,6 millions de personnes par an[13]. Et si l'on en croit *Le Monde*, la variole aurait fait environ 300 millions de victimes au cours du XXe siècle[14]. Le tétanos tuait encore, il y a peu, 1 million d'êtres humains par an[15]. Nous constatons tout l'intérêt de la recherche médicale appliquée et du développement des vaccins, alors qu'au moment où j'écris ces lignes la Covid-19 a plongé la planète dans la plus grande confusion. Ce qui n'empêche pas

13. Source : « Rougeole », who.int, 5 décembre 2019.

14. Source : « Variole, une résurrection inquiétante », LeMonde.fr, 30 octobre 2017.

15. Source : « Tétanos », sante.lefigaro.fr.

de lire sur de nombreuses pages Facebook et forums que les vaccins ne sont pas végans. Derrière le mouvement antivaccin qui a pris de l'ampleur aux États-Unis avant d'arriver en Europe et en France via les réseaux sociaux, on décèle bien sûr les fervents de la théorie du complot, mais aussi l'influence des antispécistes.

CHAPITRE 6

Le paradis végan : le rêve de l'industrie chimique

Chasseurs ou écologistes, nous affichons tous un but commun : trouver un mode de vie harmonieux pour l'homme et les animaux. Mais l'antispécisme se démarque en proposant la recette la plus radicale : la fin de l'exploitation animale par l'homme, en toutes circonstances, sur tous les sujets. Comment ? Faisons un peu de prospective…

Combien serons-nous demain : 8, 9, 10, 12… milliards d'êtres humains sur la Terre ? Et dans le monde rêvé des antispécistes, nous ne consommerons donc plus rien provenant de l'animal. Pour y parvenir, même si nous cultivons la totalité de la surface agricole utile, les rendements vont devoir être maximisés. Il faudra donc enrichir les sols, certains étant peu productifs et d'autres endommagés par des périodes ultra-productivistes… Comment ? Deux options s'offrent à nous : les intrants organiques ou chimiques. Or d'intrants organiques il n'y en aura techniquement plus en quantité suffisante puisque le fumier utilisé pour la grande culture provient presque exclusivement des résidus de l'élevage, donc des excréments d'animaux. Et le compost, s'il suffit pour une exploitation en permaculture, sera insuffisant pour enrichir les grandes plaines.

Il ne nous restera plus qu'à nous fournir en intrants chimiques, produits dans les usines géantes de groupes comme Sanofi ou Bayer. Ces sociétés fabriquent des engrais azotés, potassés, phosphorés et soufrés…

Un scénario insensé alors que les experts lancent un appel urgent au respect de la microbiologie du sol, à la reconstitution de l'humus, à la sortie du « tout pétrole » – dont les engrais chimiques sont de gros consommateurs –, et non au retour de la polyculture (quoique…) mais à la proximité entre zones d'élevage et zones de haute production céréalière. Le but : pouvoir justement enrichir le sol des déjections de l'animal sans transporter le fumier sur plusieurs centaines voire milliers de kilomètres. Une perspective raisonnable mais que les écoradicaux balaient instinctivement.

L'antispécisme va donc devoir se rapprocher d'une industrie polluante pour produire ce que nous mangeons. Une alliance contre nature, dans tous les sens du terme, mais qui, toutefois, pourrait trouver une cohérence imprévue. Le strict régime alimentaire végan n'est en effet pas adapté à notre métabolisme. En cause, une carence en vitamine B12, qui provient presque exclusivement de sources animales. Viandes et abats mais aussi lait, œufs et fromage en contiennent beaucoup. La vitamine B12 est essentielle à notre métabolisme à travers notamment la fabrication de nos globules blancs et rouges. Les premiers sont la clé de voûte de notre système immunitaire, les seconds servent à transporter l'oxygène des poumons vers les muscles. La B12 est également essentielle à la multiplication des cellules (la mitose) et à la régénération de notre organisme. Enfin, elle a un effet protecteur sur les nerfs, permet d'évacuer le stress et la fatigue et de maintenir notre vigilance… La B12 n'est donc pas un luxe, elle est absolument indispensable à l'être humain. La liste des symptômes liés à une carence en vitamine B12 fait froid dans le dos : dépression, anxiété sévère, apathie, troubles de la mémoire, démence sénile, psychose, hallucinations, insomnie, troubles de la personnalité et de la motricité (marche, mouvement, coordination), anémie, troubles de l'audition, artériosclérose, infarctus, accidents cérébraux, détérioration de la rétine, incontinence, impuissance, irritabilité, sensibilité aux infections, épuisement, fatigue chronique, perte de force, troubles de l'appétit…

Pourquoi infliger de telles souffrances à son organisme ? Car les végans sont parfaitement conscients du risque qu'ils encourent. Selon le site www.federationvegan.fr, « un très faible apport en vitamine B12 peut être la cause d'une anémie et occasionner la dégradation du système nerveux ». Mais ils connaissent la parade et le disent eux-mêmes : « Les seules sources véganes fiables de B12 sont les produits alimentaires enrichis (parmi lesquels figurent certains laits végétaux, quelques produits au soja et des céréales pour le petit déjeuner) et les compléments de B12. »

En réalité, aucun végétalisme ou véganisme n'est possible sans l'apport de B12 de synthèse. Ce qui est d'ailleurs rappelé sur le site www.vivelab12.fr : « Toute personne végane doit se complémenter. » N'est-ce pas une étrange conception de la vie que de vouloir dénaturer l'homme et les êtres vivants au point d'en tomber malade et de dépendre de compléments alimentaires et autres médicaments prévus pour soigner des pathologies subies ?

Cette réflexion n'arrête pas les militants végans. Mieux, ils trouvent dans cette situation de dépendance vitale quelques raisons de pavoiser. Chaque année le 12 décembre (le douzième jour du douzième mois), Journée mondiale de la vitamine B12, ils se souviennent avec reconnaissance de sa première identification par le laboratoire Merck. Un premier pas vers sa métabolisation maîtrisée, sa production massive et contrôlée. Un miracle végan, en somme.

Cette attitude traduit une perte profonde de repères et un déracinement évident. Souvent pragmatiques, nos voisins suisses ont récemment décidé de réduire l'accessibilité à la vitamine B12 par une ordonnance sur les compléments alimentaires.

Le docteur Béatrice Dubern, pédiatre nutritionniste, s'alarme plus globalement sur le sujet de l'alimentation végane : « De manière générale, je suis contre les régimes restrictifs chez les jeunes enfants. [...] Je vois de plus en plus d'enfants soumis à un régime sans gluten, sans lait, sans sucre ou encore sans gras. Dans tous les cas, quand le régime est très strict et que les apports nutritionnels nécessaires à l'enfant ne sont pas respectés, les parents sont coupables de maltraitance. Même si leur intention est souvent bonne, le résultat peut être dramatique. La dénutrition sévère peut conduire à la mort, à court terme, ou à des carences qui auront un impact sur le bon développement de l'enfant, à long terme [...]. Certaines pathologies liées à un régime alimentaire restrictif pendant l'enfance peuvent resurgir des années plus tard. C'est le cas, par exemple, de l'ostéoporose ou de l'anémie. Je déconseille donc fortement aux parents de s'aventurer dans un régime restrictif au cours des premiers mois de la vie de leur bébé. Ce choix peut s'avérer criminel [...]. Pour qu'un jeune enfant ait un apport suffisant en fer – dont la source principale est la viande rouge – sans manger de produit d'origine animale, il faudrait qu'il puisse manger plus de 1 kilo de lentilles par jour... Une quantité astronomique[1] ! »

En conclusion, ce pédiatre rappelle que les

1. Source : « Un bébé vegan retiré à ses parents pour malnutrition : c'est de la maltraitance », LePlus.NouvelObs.com, 23 juillet 2016.

compléments alimentaires ne fonctionnent pas, et que ceux qui pourraient faire l'affaire sont développés contre des allergies et pathologies sévères.

Le bon sens voudrait que lorsque l'on a la chance d'avoir un enfant bien portant, on le nourrisse normalement...

Europe 1 rapporte que lors du congrès de la Société française de pédiatrie réunie à Paris au printemps 2019, les praticiens constataient que « le végétalisme a le vent en poupe. Et pour certains pédiatres, cela devient un grave problème de santé publique [...]. Certains spécialistes lancent une alerte sur les dérives et les risques de ce choix alimentaire [...]. Une tendance qui met des enfants en grave danger médical, avec déjà même des morts. » Ces pédiatres le disent : les dégâts du végétalisme, ils les voient désormais lors de leurs consultations. Et le plus grave, c'est que cela concerne parfois des nourrissons, ou des bébés de trois ou quatre mois en état de dénutrition extrême, que l'on doit hospitaliser.

Dans l'article « Des pédiatres alertent sur les graves dangers du végétalisme pour les enfants » du 21 juin 2019, consultable sur le site d'Europe 1, on apprend que le chef du service de nutrition pédiatrique à l'hôpital Trousseau et président de l'Association des pédiatres de langue française, Patrick Tounian, a révélé avoir accueilli un bébé de 13 mois végétalien depuis la naissance dont les quatre membres étaient fracturés en raison d'une carence sévère en calcium car ses parents le nourrissaient uniquement avec des jus végétaux.

Il y a un peu plus de 8 000 pédiatres en France[2]. Si chaque praticien ne recevait en consultation qu'un enfant en état de maltraitance alimentaire par an, ils seraient confrontés à 8 000 cas par an. Or c'est chaque mois que les pédiatres disent recevoir un enfant en état de maltraitance alimentaire[3]. Là, le nombre de cas commence à donner le tournis : 96 000 enfants souffriraient de problèmes dus à leur régime alimentaire ! Il y a en France un peu plus de 9 millions d'enfants de 10 ans et moins[4]. Ainsi, un peu plus de 1 % des enfants français seraient victimes de cette maltraitance méconnue. Tous ne sont certes pas des enfants de végans, mais malheureusement ceux-ci forment le plus gros des cas pathologiques.

Les carences nutritionnelles entraînent bien souvent un manque de calcium, de phosphate, de vitamine B12, de vitamine A, de fer et de zinc chez de jeunes enfants qui suivent un régime végan imposé par leurs parents. Afin que les endoctrinés antispécistes ne crient pas aux fake news (même si on peut parier qu'ils le feront), je me suis attaché à écumer quelques cas macabres de maltraitance alimentaire relatés par les médias, d'une infinie tristesse.

En Australie, des parents qui imposaient un régime végan à leur bébé ont fini au tribunal, leur petite fille

2. Source : « Chiffres clés : Pédiatre et néonatologue », ProfilMedecin.fr, 4 août 2020.

3. Source : « Des pédiatres alertent sur les graves dangers du végétalisme pour les enfants », Europe1.fr, 21 juin 2019.

4. Source : « Bilan démographique 2019 », Insee.fr, 14 janvier 2020.

n'ayant été nourrie depuis sa naissance que d'avoine, de jus de riz et de banane. Cette enfant, à 19 mois, ne pesait que 4,9 kilos (à peine plus qu'un nouveau-né), souffrait d'une maladie osseuse dégénérative causée par la malnutrition, de rachitisme sévère et de nombreuses fractures.

En 2017, c'est un couple de Belges qui a été condamné à six mois de prison avec sursis, après le décès de leur bébé de 7 mois, qui ne pesait que 4,3 kilos. Végétariens, ces propriétaires d'un magasin bio avaient nourri leur enfant au lait de maïs, de riz, d'avoine, de quinoa et de sarrasin[5].

Jennifer et Jeromie Clark, militants végans et mormons, n'avaient jamais emmené leur enfant chez un médecin avant qu'à 14 mois celui-ci ne soit hospitalisé d'urgence. Au moment de son décès, l'enfant souffrait d'une éruption cutanée, d'une gangrène, d'une hypothermie et d'une infection à staphylocoques. Les parents ont affamé l'enfant à mort avec un régime végétalien strict[6].

À Atlanta, Jane Sanders a tué son petit garçon de 6 semaines en le nourrissant uniquement de jus de fruits et de lait de soja… et a été condamnée à la prison à vie[7].

Un couple résidant en Floride n'a pas écouté son

---

5. Source : « Régime vegan : pourquoi c'est dangereux pour les enfants ? », FemmeActuelle.fr, 26 décembre 2018.

6. Source : « 32 mois de prison pour les Clark », www.radio-canada.ca, 5 juin 2019.

7. Source : « Vegan couple's murder convictions upheld in infant son's death », cbsnews.com, 12 septembre 2011.

médecin et a nourri son bébé avec une mixture composée de pommes de terre écrasées dont ils avaient trouvé la recette sur Internet. À 5 mois, l'enfant ne pesait que 3,5 kilos, soit 200 grammes de plus qu'à sa naissance. Les services sociaux ont sauvé l'enfant de justesse et l'ont décrit comme proche de la mort. Le bébé était léthargique, ne pleurait pas et avait toutes les côtes visibles. Le couple a été placé en détention. Il conteste pour l'instant les conclusions des rapports médicaux à propos de l'état dans lequel leur fils a été découvert[8].

En France, près de Lyon, des parents ont été mis en examen après la mort de leur petite fille de 16 mois à l'Hôpital mère-enfant de Bron. Ce couple est poursuivi pour privation de soins et d'aliments suivie de mort. Le bébé est décédé après avoir été nourri uniquement avec du jus végétal[9].

Au Québec, un bambin a été admis dans un hôpital de Montréal. À 15 mois, il ne pesait que 6 kilos, soit le poids d'un poupon de 2 mois et demi… Il souffrait de malnutrition sévère. Ses os étaient transparents et friables, il présentait des fractures aux jambes et aux bras et le corps médical redoutait un arrêt cardiaque. Les parents étaient des végétaliens stricts. La mère se nourrissait uniquement

8. Source : « Floride : le bébé à l'agonie d'un couple vegan était nourri uniquement de pommes de terre », MidiLibre.fr, 17 février 2019.

9. Source : « Des parents accusés d'avoir causé le décès de leur fille en la sous-alimentant », etreenceinte.com, 14 juin 2018.

de fruits et son lait maternel n'était pas assez riche en nutriments pour son bébé[10].

Des parents végans ont été arrêtés en Floride après la mort de leur enfant de 18 mois le 27 septembre 2019. L'autopsie a révélé qu'il était mort de malnutrition, de déshydratation et de problèmes de croissance. D'après *The News-Press*, le bébé pesait le poids d'un enfant de 7 mois. La mère a expliqué aux enquêteurs que la famille ne se nourrissait que de fruits secs, de fruits et de légumes[11].

En France, dans la Somme, Louise, 11 mois, est morte de malnutrition car ses parents lui imposaient un régime végétalien… Ils ont été condamnés[12].

Toujours en France, dans la Drôme, une fillette de 16 mois est décédée en décembre 2017. L'enfant était uniquement nourrie au lait végétal[13].

La liste des nourrissons et jeunes enfants victimes du véganisme est malheureusement longue. Un nourrisson a de gros besoins en protéines, en acides aminés, en lipides, en minéraux, en vitamines et en oligo-éléments. Selon l'Agence nationale de sécurité sanitaire de l'alimentation, de l'environnement et du travail (Anses), les boissons

---

10. Source : « Un cas troublant de rachitisme et de malnutrition chez un bébé », LaPresse.ca, 19 novembre 2019.

11. Source : « Des parents vegans arrêtés pour la mort de leur enfant malnutri », ParisMatch.com, 19 novembre 2019.

12. Source : « Un couple poursuivi après la mort de sa fille, nourrie au lait végétal », RTL.fr, 22 juin 2018.

13. Source : « Des parents végétaliens jugés aux assises après la mort de leur fillette », LExpress.fr, 29 mars 2011.

végétales apparentées à des laits ou les laits d'origine non bovine n'ont pas été conçus pour des enfants de moins de 1 an.

Tout cela est révoltant, mais ce n'est pas tout. En dépit des avis des experts, médecins et autorités sanitaires, à chaque fois qu'est exhumé un cas de maltraitance infantile liée à un régime végan, la végan-sphère se met en branle et conteste.

Sites antispécistes et végans, forums, comptes Twitter et pages Facebook nient en bloc, crient au complot… Les antispécistes comparent l'élevage à la Shoah et le « négationnisme » des omnivores les révolte, mais la négation des ravages du véganisme ne les dérange pas une seconde. Ainsi, le site www.veganactu.com se fait l'écho du décès de la jeune Samarienne de 11 mois mentionnée précédemment, dans un article intitulé « Mort d'un enfant omnivore ». Le drame y est relativisé par la mise en avant du cas d'une petite Anversoise de 9 ans en état de mort cérébrale parce qu'elle aurait contracté la bactérie *Escherichia coli* en consommant un steak haché contaminé. Mais s'il était possible de faire encore pire, ils y ont réussi, en affirmant au sujet de la petite fille de 11 mois que « l'alimentation végétalienne [n'était] aucunement la cause de la mort… ». Pourtant, ils sont une nouvelle fois dans le faux, nos amis les végans : on peut mourir directement de la malnutrition (arrêt cardiaque, embolie, etc.), ou des conséquences de la malnutrition. À savoir un affaiblissement général des défenses immunitaires qui laissent des bactéries en tout genre achever ces petits garçons et ces petites filles… C'est le même processus que pour le VIH : le patient est tellement faible, les défenses immunitaires tellement dégradées que le corps ne peut plus lutter. Mais là, pas de virus en cause, à part celui de l'antispécisme…

CHAPITRE 7

Revenir au réel pour penser enfin l'écologie

Devant ces expériences catastrophiques et les perspectives terrifiantes du projet antispéciste, n'importe quelle autre approche de l'écologie appréhendant la vie telle qu'elle est et non telle qu'on l'idéalise produira de meilleurs résultats.

Il est plus qu'urgent de questionner les bases philosophiques de cette pensée mortifère. Qu'elles soient d'inspiration kantienne ou janséniste, qu'elles rejettent l'homme ou le croient supérieur à la nature. Les deux racines de l'antispécisme commettent en réalité une même erreur, et elle se révèle fondamentale : nous, êtres humains, ne sommes ni supérieurs ni inférieurs à la nature, nous sommes *dedans*.

Nous sommes des animaux – certes très différents de tous les autres, ayant un impact considérable sur notre environnement. Nous sommes en effet les seuls êtres vivants à créer des déchets non recyclables. La seule question essentielle est celle de la durabilité de nos actions. Le recyclage, la consommation renouvelable sont mères de la durabilité ; là doivent être concentrées toutes nos énergies. Il nous faut dans cette optique agir avec pragmatisme, consommer avec raison et aussi local que possible. Le reste n'est que diversion et temps perdu.

Préserver les ressources naturelles en appliquant un principe de bon sens paysan « Ne pas manger toutes les poules à l'hiver pour avoir des œufs au printemps ! », préserver nos biotopes qui seuls sont capables de sauvegarder et de maintenir la biodiversité, voilà l'approche raisonnée, utile dont nous avons besoin. Avoir recours à des matières non recyclables uniquement lorsqu'il n'existe pas d'alternative, mobiliser l'ensemble de nos concitoyens pour mettre fin aux gaspillages de toutes sortes sont des nécessités.

L'idéologie aveugle les écoradicaux. Malheureusement, leurs postures violentes et véhémentes desservent l'écologie, la vraie, la belle, celle qui est synonyme de durabilité, celle qui devrait présider à presque toutes les décisions. Le terme « écologie » vient du grec *oikos*, « maison », et de *logos*, « science », « connaissance ». Selon le très sérieux *Larousse*, l'écologie serait ainsi la science ayant pour objet les relations des êtres vivants (animaux, végétaux, micro-organismes) avec leur environnement, ainsi qu'avec les autres êtres vivants. L'antispécisme, qui veut supprimer toutes relations, toutes interactions entre l'homme et les animaux, n'a donc rien d'écologique.

La vie n'est pas végane

La vie sur la Terre est régie par un principe simple qui n'a rien de végan : l'utilisation de l'énergie produite par des organismes tiers. Comme le feu consume le bois, la vie consomme et consume. Cet état de fait s'applique aux végétaux, aux animaux. Prenons pour exemple l'une des chaînes alimentaires les plus connues : le phytoplancton (microalgues) est consommé par le zooplancton (plancton animal). Ce dernier nourrit à son tour du macroplancton, dont l'indispensable krill. De grands mammifères marins et le poisson-fourrage s'en repaissent. Ceux-ci sont consommés par les prédateurs hauturiers et côtiers, les oiseaux pêcheurs et par l'homme.

Oui, nous détruisons pour nous nourrir. La mort nourrit la vie !

Il suffit de s'asseoir une petite heure n'importe où – sauf en ville, et c'est peut-être le problème... – et d'observer le vivant : tout le monde mange tout le monde tout le temps ! Ce qui faisait dire à Louis-Ferdinand Céline dans son *Voyage au bout de la nuit* que la vie sur la Terre était comme les tranchées de la Grande Guerre, une boucherie perpétuelle. Toutes les formes de vie se nourrissent de la mort des végétaux et/ou des animaux.

Aucun être vivant sur la Terre ne peut subsister sans tuer, même passivement. Prenez un gnou qui pâture paisiblement dans la savane. Ses pas tuent des insectes, des micro-organismes, des reptiles, etc. L'homme en marchant sur une pelouse ou dans un sous-bois commet des meurtres de masse… Est-ce condamnable ? Est-ce mal ? Non, c'est tout simplement la vie.

Qui a déjà vu la terre riche et fertile d'un potager sait que, quand bien même il ne mangerait que des végétaux produits grâce à ses talents, le jardinier tuerait. Les lombrics, essentiels à l'enrichissement et l'aération du sol, ne goûtent guère les coups de bêche ou de fourche. Coupé en deux lors d'une récolte de pommes de terre, un lombric il est vrai se tord. Pour avoir vu la scène des centaines de fois au jardin ou au cul d'une charrue pour ramasser des gros vers de terre destinés à la pêche, je suis conscient que ce n'est certes pas une fin enviable. Grandes cultures céréalières, même bio et responsables, permaculture maraîchère, jardiniers du dimanche produisant de quoi alimenter le rêve végan vont devoir trouver une solution face à ces prédations.

Comme il ne sera pas possible de rendre les carnivores végans, il sera difficile d'éduquer les insectes afin qu'ils arrêtent de saccager nos cultures. Face aux problèmes en termes de biodiversité et de santé publique posés par les produits phytosanitaires, la lutte biologique intégrée offre de bons résultats aujourd'hui. En utilisant des insectes prédateurs se nourrissant des insectes ravageurs, on peut protéger les cultures. Face aux attaques de pucerons, l'utilisation des coccinelles qui les consomment est un des exemples les plus connus. Mais, même si cela n'a aucun impact sur l'environnement, même si par la suite ces coccinelles pourront nourrir des oiseaux, nous nous écartons là dangereusement du dogme végan en nous permettant l'exploitation de l'animal : ici, des insectes.

C'est un cycle infini. Les végétaux morts sont décomposés par les insectes, les bactéries et les champignons, et nourrissent de nouvelles générations de plantes. Ces plantes sont dévorées par les herbivores et les omnivores. Ceux-ci en déféquant et en mourant fertiliseront à leur tour la terre qui nourrira les plantes. Et ainsi de suite. « Rien ne se perd, rien ne se crée, tout se transforme ! » Les apprentis sorciers écologistes radicaux à qui la pourtant célèbre formule du chimiste Antoine Lavoisier ne dit rien peuvent se référer depuis 1994 au plus accessible dessin animé de Disney, *Le Roi lion.* Le cycle de la vie y est évoqué de manière très pédagogique et en chansons, ce qui devrait favoriser l'apprentissage.

Penser hors des métropoles

Vouloir nier l'essence du vivant et gérer la Terre selon des algorithmes productivistes est un fantasme de citadins. Si ce dernier trouve un écho aujourd'hui, c'est parce que l'on oublie que l'on vit dans les villes grâce aux campagnes et non l'inverse. Les campagnes nourrissent la France, malgré le déni des « amis des animaux » évoqué ci-dessus. Sans carburant alimentaire pour faire tourner le monde, le reste ne serait tout simplement pas. D'ailleurs les matières dites « premières » ne devraient pas être le charbon, le fer, le pétrole, mais les seules denrées alimentaires. Elles sont la pierre fondatrice de toutes les formes de vie, si complexes soient-elles…

L'idéal d'une nature rêvée et fantasmée qui découle d'une vie urbaine et déconnectée accouche de bien des dérives conduisant à vouloir extraire l'humain de ses biotopes et de sa terre pour préserver les milieux et le bien-être animal. C'est cette nature « virtuelle » qui pousse par exemple des néoruraux à porter plainte contre des éleveurs et leurs vaches ou les coqs chantant dans les villages. C'est aussi cette nature virtuelle qui inspire les violences des antispécistes contre les « bourreaux » et « esclavagistes » des animaux…

Jean-Christophe Fromantin ne dit pas autre chose dans son Forum de l'Universel : « “Métropolisation” et “envie de nature” risquent d'accélérer les déflagrations écologiques. D'autant que les prévisions sont assez unanimes sur le fait qu'en 2050, environ 75 % des populations vivront dans des métropoles, dont plus de 40 compteront au moins 10 millions d'habitants. Le risque est double. À la fois de reproduire en ville des environnements naturels dont nous sommes friands, d'y multiplier les expériences exotiques ou de céder trop vite aux sirènes du verdissement sans mesurer les impacts et les dérèglements que cela pourrait avoir. Mais aussi, d'accélérer, par nécessité, les transformations d'espaces naturels en zones de production à haut rendement pour nous permettre de consommer des poulets à bas coûts ou de manger des tomates toute l'année. »

La concentration des hommes dans les villes, l'explosion de la consommation hors foyer liées à nos rythmes de vie effrénés et à la diminution des surfaces d'habitation ont dopé de manière phénoménale la production alimentaire industrielle.

Pour être clair, nous nous nourrissons de produits déjà faits, sous emballage. Il n'y a plus qu'à ouvrir et à ingérer. Notre alimentation est déconnectée des ingrédients qui la composent. Nous consommons un produit et pas des aliments. Nous ne savons pas ce que nous mangeons. Notre alimentation est devenue une inconnue. Ce qui au passage, disons-le sans détour, permet de nous faire ingurgiter de la malbouffe par tonneaux. Ainsi, quand nos concitoyens sont confrontés à un aliment brut (pièce de bœuf, poulet, carottes, fromage, etc.) préemballé, ils ne voient pas l'essence même de cet aliment, comment il a poussé, comment il a été nourri, tué, arraché, conditionné. Ils ne voient pas la dépendance de l'aliment à son substrat, cette mère nature qui alimente toutes les formes de vie. Non ! Ils voient un produit… Un produit presque déraciné, sans ancrage – et dans le cas de la culture hors sol, cela est vrai ! De là découlent une grande partie des comportements inciviques et irresponsables envers notre maison commune.

En fait, notre mode de vie urbain, postindustriel, rendu frénétique par une compétition mondiale accrue – car, ne nous voilons pas la face, nous travaillons plus pour ne pas gagner moins, pour maintenir un niveau de vie –, a favorisé et amplifié la déconnexion entre nos concitoyens et la réalité de ce qui les nourrit. Cela a préparé le terrain aux sophismes végans, cheval de Troie des biotechnologies de l'agroalimentaire. La terre était labourée, il n'y avait plus qu'à semer.

CHAPITRE 8

L'homme fait toujours partie de la solution

L'anthropologie – même pour les nuls – nous enseigne également que l'homme moderne est le fruit d'une relation étroite avec l'animal. Observé puis chassé avant d'être domestiqué et élevé, l'animal utile a fait l'humanité. C'est un fait historique, un fait civilisationnel et un fait physiologique.

L'animal, domestique ou sauvage, fait partie de nous. Un lien naturel, culturel, civilisationnel nous unit. Sans lui, nous ne serions pas ce que nous sommes. D'abord parce que nous sommes des animaux, certes un peu particuliers. Ensuite parce que l'animal nous est utile, même très utile. Nous sommes en fait liés par un destin commun. Celui d'êtres vivants interagissant les uns avec les autres. Notre salut ne passera que par le respect de notre environnement, des animaux et de notre être profond.

Or, respecter un animal, ce n'est pas le déifier comme une divinité intouchable ou le placer au même niveau que l'homme. Si l'homme est un animal, les animaux ne sont pas des hommes. Seul l'homme se soucie du destin de l'autre, qu'il soit humain ou animal. Vouloir imposer à un chat de vivre comme un chien ou un homme, c'est nier son être profond et le mettre en danger de mort, les chats étant des carnivores exclusifs, à la différence des canidés. Ne pas respecter les spécificités d'un être vivant revient à le maltraiter. Conclusion : vivre en bonne intelligence avec un animal revient à le traiter de façon spéciste, en prenant en compte toutes ses particularités. Et pourtant… ce raisonnement logique ne semble pas convaincre les militants.

Des cercles vertueux très naturels et culturels

Nul ne peut le contester : l'utilité de l'animal le préserve. Si nous n'utilisons plus ces bovins de races confidentielles ou de masse comme la charolaise et la limousine, à moyen ou court terme, ils disparaîtront ! La France compte plusieurs dizaines de races de vaches laitières, de races mixtes, dont la vocation est la production de lait, mais aussi de viande, comme la normande, la salers, la pie rouge, et de races à viande seulement. De nombreux petits éleveurs se battent d'ailleurs pour préserver des races locales ou régionales considérées comme « non rentables » car difficiles à faire naître ou ne produisant pas les quantités attendues en termes de lactation ou de poids de carcasse. Il s'agit, pour n'en citer que quelques-unes, de la bazadaise, de la froment du Léon, de la lourdaise…

Si l'utilité de l'animal domestique préserve sa race sur le long terme, il en va de même pour l'animal sauvage, malgré les croyances et les idéologies candides. Prenons l'exemple du gibier d'eau et des zones humides françaises. Ces dernières ont été massivement comblées, asséchées, drainées, bétonnées. Ainsi, elles ne créent plus de nuisances (moustiques, odeurs de marais, brumes et brouillards…) et deviennent cultivables. La surface agricole utile augmente et tout le monde s'en réjouit : on peut y construire ensuite des zones industrielles, des aires commerciales et des pavillons d'habitation qui détruisent le paysage et favorisent *in fine* les inondations ! Car l'eau doit bien aller quelque part ! Nous avons malheureusement des exemples de drames de plus en plus fréquents sous les yeux.

Pour qui se soucie de biodiversité, le sort des zones humides est édifiant. Prenons un exemple historique bien connu : la forêt des Landes était encore au XVIIIe siècle un marécage géant où sévissait le paludisme. C'est Colbert qui a commencé à boiser la zone pour des raisons stratégiques et commerciales, ce qui a assaini le terrain mais également fait disparaître la quasi-totalité des zones humides. Son œuvre fut poursuivie par Napoléon Bonaparte et Napoléon III.

C'est aujourd'hui reconnu, faune et flore endémiques rares ou plus communes prospèrent dans toutes les zones humides ou presque. Heureusement, la France a pu conserver un bon et même un très bon maillage de zones humides. Si elles sont aujourd'hui protégées, c'est à la chasse au gibier d'eau, canards et bécassines en tête, qu'elles le doivent. Celle-ci a permis de les préserver du maïs et du béton. Ainsi, c'est près de 80 % des zones humides françaises qui sont préservées grâce à la chasse et aux chasseurs.

Les chasseurs ont protégé et aménagé les marais. Aussi contre-intuitif que cela puisse paraître pour un militant écologiste radical, la chasse au canard le rend utile et donc le protège durablement ! Car il n'y a pas d'espèces sans biotope favorable. Au passage, des centaines d'autres espèces peuvent vivre dans ces biotopes préservés par un ou des animaux utiles… Ce cercle vertueux porte un nom chez les écologistes pragmatiques de terrain : l'« effet parapluie ».

Mais pourquoi diable les antispécistes qui aiment tant les animaux ne voient-ils pas, comme n'importe qui, les bénéfices que l'animal lui-même tire de son utilité ? Pourquoi prônent-ils la fin de l'utilisation de l'animal et s'en prennent-ils aux « omnivores » ?

Les réponses ? Dogmatisme et idéologie pour beaucoup, comme nous le verrons plus loin, manque de discernement pour bien d'autres, qui nous occupent dans ce chapitre.

Il n'existe pas en effet, chez les antispécistes, de réflexion écosystémique globale, pas de volonté d'améliorer notre environnement, notre maison commune. Leur véritable objectif se situe ailleurs : il s'agit pour eux de détrôner l'homme, de mettre à bas des siècles de culture au cours desquels l'humain a largement dépendu de l'animal. Pourquoi un tel acharnement à défaire ce que les usages, les habitudes, les modes de vie ont si patiemment élaboré ? Pour satisfaire une seule obsession : faire des êtres vivants des égaux, même s'il s'agit d'un non-sens. Sinon, pourquoi vilipender l'apiculture comme le font les végans ? Quand on connaît la situation des abeilles et des insectes en général, s'attaquer aux apiculteurs en les accusant à demi-mot d'être des esclavagistes relève de l'hérésie. La lecture du site www.veganie.com permet de réaliser l'ampleur du déni de réalité. On y lit pêle-mêle que l'apiculteur est un extraterrestre qui pille le fruit du travail des abeilles « puisqu'il n'existe pas de contrat passé entre l'homme et l'abeille ».

Sous d'autres latitudes, il en va de même pour le lion. De nombreuses associations radicales tentent d'interdire la chasse à cette icône du monde animal. Dans nos villes, il est en effet très facile (et surtout idiot) de décréter que le lion ne doit plus être chassé, qu'il doit être protégé sous mille prétextes tous plus mauvais les uns que les autres. Si vous vivez en revanche dans la savane avec votre femme, vos quatre enfants et que votre subsistance dépend de vos cinquante chèvres, la logique est tout autre. À la suite de plusieurs attaques de lions qui mettent la survie de la cellule familiale en danger, le père réagit. Ses chèvres constituent son unique ressource, sa seule chance de survivre. Pour une peccadille, il se procure une kalachnikov ou de l'engrais chimique et s'occupe du lion, enfin des lionnes, ce qui provoque la mort des lionceaux et donc entache gravement l'avenir de la troupe de lions. Que faudrait-il conseiller à ce pauvre père de famille ? De mourir de faim avec les siens parce que des Occidentaux, tranquillement installés en centre-ville, pensent que le lion est un totem – presque un tabou ?

À moins d'être férocement néocolonialiste et de vouloir imposer sa vision occidentale du monde, on ne peut que comprendre la réaction de ce père de famille. « Il existe d'autres solutions pour cet homme », objecteront certains. Par exemple, participer au développement du *viewing* (les safaris-photos). Mais, là encore, il s'agit d'une vision purement occidentale, qui ne tient absolument pas la route. Ces activités touristiques ne se déroulent que dans des zoos à ciel ouvert, de grands Thoiry africains, ou dans de très rares zones sauvages échappant à la forêt ou à la savane arbustive… Ces zones dégagées qui permettent de voir le gibier de loin sont très rares en Afrique. De plus, pour rendre ces territoires d'observation rentables, il faut y concentrer des flux énormes de touristes, avec toutes les conséquences environnementales que cela implique. En d'autres termes, pour donner une utilité au lion sauvage et libre sans altérer son milieu, il ne reste quasiment que la chasse ! Elle peut aussi occasionner divers aménagements. Par exemple, il est possible de mettre en place une chasse gérée permettant de prélever un mâle par an parmi une troupe de lions structurée en préservant les lionnes pleines ou allaitantes. Le campement de chasse installé à proximité donnera un travail de guide au père qui, né là, connaît parfaitement la savane. La mère travaillera, quant à elle, en cuisine. Les enfants pourront fréquenter une école financée grâce à la rente créée par la chasse. Cette même rente financera un dispensaire dans lequel toute la communauté bénéficiera de soins élémentaires. Voilà ce que l'on pourrait appeler du « développement durable ».

La réalité de la grande chasse africaine que les antispécistes nomment « chasse aux trophées » est celle-là. Il s'agit bel et bien d'un facteur de développement, d'amélioration de la vie des habitants, et de préservation des espèces et de la biodiversité. D'ailleurs, quand les associations antispécistes tentèrent de faire interdire au niveau européen l'importation de trophées de chasse (surtout africains), ce sont les pays africains eux-mêmes qui demandèrent que cela ne soit pas appliqué, car les conséquences auraient été désastreuses pour eux en termes économiques et de biodiversité.

Enfin, lorsque les animaux chassés ne sont pas des fauves, ce qui est le cas la plupart du temps, la venaison nourrit le village et ses environs. Autant d'effets d'écosystème qui échappent manifestement aux antispécistes et animalistes. En « sanctuarisant » l'animal, ils le rendent inutilisable donc inutile et le mettent en danger tout en nuisant à la qualité de vie des humains. Un sacré bilan…

Et que dire de l'argument des conservatoires d'espèces, ces lieux qui permettraient de sauvegarder les différentes races, selon les militants animalistes ? J'aimerais pouvoir être modéré, mais la vérité m'oblige à être clair : il s'agit d'une vaste fumisterie allant à l'encontre de tous les principes d'élevage et de sélection !

Les races bovines sont différentes en formes, tailles, couleurs et qualités productives. C'est la sélection qui a créé les races bovines par le croisement entre spécimens ayant des caractéristiques convergentes et recherchées par les éleveurs, le tout en adéquation avec les terroirs. Si ce travail s'arrêtait brutalement, les spécificités s'estomperaient bientôt et nous nous retrouverions avec un bovin moyen, sans signes distinctifs. Nous toucherions alors au premier stade du rêve antispéciste : il n'y aurait plus de races dans une même espèce… Ce qui est vrai pour les bovins l'est pour tous les animaux de ferme : suidés, caprins, ovins, anatidés, colombidés, gallinacés… même combat ! Ceux qui veulent en finir avec la différenciation et la hiérarchie spécistes réussiraient à faire disparaître des centaines de races d'animaux domestiques témoins de notre histoire, de notre culture et des terroirs. Bel exploit !

Se concentrer sur les vrais sujets

Replacer l'homme et l'animal dans leur position naturelle ne règle évidemment pas tous les problèmes.

Je partage avec de très nombreuses personnes – dont des militants écologistes – des inquiétudes, des questionnements quant au fonctionnement de notre société de consommation, quant au gaspillage aberrant, quant à l'épuisement des ressources naturelles. Et si j'en suis venu à ces interrogations, c'est parce que dès 16 ans, comme chasseur, j'ai appris que prendre une vie n'a rien de gratuit, que c'est un acte grave, à faire en conscience. Je mesure d'autant mieux aujourd'hui la fragilité de notre maison commune où vie et mort sont indissociables.

Consommer mieux et moins, lutter contre le gaspillage et recréer du lien entre l'homme et les réalités de la nature (savoir la respecter, lui accorder la place qui lui revient...), ce sont des thèmes aujourd'hui essentiels qui devraient se trouver au centre de tous les débats de société, et pas seulement en période électorale. Mais ils ne sont l'apanage d'aucun parti, d'aucun mouvement. Et encore moins des militants antispécistes. Faute de réflexion écosystémique, développant une approche uniquement centrée sur le bien-être de l'animal, ils n'aboutiront qu'à la destruction de ce lien sacré entre l'homme et l'animal. Les polémiques qu'ils ne cessent de lancer et d'alimenter détournent des véritables enjeux et se révèlent totalement contre-productives.

L'homme en son paradis perdu

Au fond de notre imaginaire collectif, il existe une image, un paysage : il comprend une ferme sous un soleil de printemps qui réchauffe poules, moutons, oies, veaux, vaches, cochons. Cette ménagerie est en train de gambader dans une herbe verte et grasse. Des enfants jouent et courent, le chat les regarde passer, sceptique. Un cliché ? Sans doute. Mais il n'en reste pas moins que ce « paradis perdu », ce coin de nature idyllique n'a jamais réellement quitté l'inconscient des hommes.

Nous avons tous en nous une vision de l'animal de ferme heureux et bien traité. Cela ne nous empêche pas de nous en régaler à la broche, en boudin, en ragoût ou en salaison. Les œufs sont des promesses d'omelettes gourmandes ou de desserts alléchants. Le lait nourrit nos enfants et nous offre des fromages savoureux.

Il existe aujourd'hui un terrain de réflexion fertile pour la promotion d'une alimentation variée à base de bons produits. Recréer du lien entre l'homme et les réalités du vivant permettrait de passer de la valeur en argent et/ou en plaisir de notre alimentation à un authentique respect pour notre terre nourricière et donc à une véritable reconnaissance pour ce qui nous nourrit et ceux qui nous nourrissent. Plantes, animaux et leurs dérivés, tout est issu de la générosité de notre environnement. Voir un veau naître, un poulet mourir, une tomate mûrir, cueillir un champignon… nous responsabiliserait tous.

La nature doit être préservée, choyée. Coûte que coûte. Parcourant régulièrement la France, je suis effaré par les immondices déversées en ville, au bord des routes ou en pleine forêt… Un des combats prioritaires de nos sociétés devrait être la préservation de cet écosystème vertueux qu'est la polyculture. Le récent développement de la permaculture va d'ailleurs en ce sens. Ce modèle d'agriculture naturelle originaire du Japon tend à préserver les écosystèmes en prenant en considération la biodiversité. L'idée fondatrice de la permaculture est de diminuer notre dépendance vis-à-vis des systèmes industriels, en produisant nous-mêmes ou en consommant local. Le tout en s'affranchissant de la chimie autant que possible. Quand le bon sens resurgit des limbes du passé, l'avenir s'éclaircit !

CHAPITRE 9

Se préoccuper de toutes les souffrances

Paradoxalement, sans la consommation de protéines animales, nous ne serions pas devenus les êtres supraconscients que nous sommes. Et nous ne pourrions pas nous poser la question du devenir des autres êtres vivants… Ce qu'Alain Finkielkraut résume parfaitement dans son ouvrage *Des animaux et des hommes* : « Oui, les animaux souffrent, ils nous ressemblent mais les antispécistes mettent toutes les espèces sur le même plan. Simplement, si nous étions des animaux comme les autres, nous ne nous préoccuperions pas des autres animaux. C'est bien l'exception humaine qui se manifeste dans le sentiment de responsabilité qui peut nous étreindre à l'égard des animaux en voie de disparition ou les animaux domestiques. »

Nous avons, nous les hommes, le privilège de nous préoccuper de l'« autre » humain ou animal grâce au développement de notre cerveau. Mais cette machine à penser, à ressentir et à conceptualiser n'est pas une étoile tombée du ciel. Elle est le fruit d'une évolution longue et lente qui nous a fait passer de l'état de grand primate bipède à celui d'homme moderne. Ainsi, nos très lointains ancêtres, dans leur quête quotidienne d'une pitance, ont eu le loisir d'observer les nombreux prédateurs et charognards se repaître de la chair d'animaux. Puis, un jour de grande faim, ils eurent l'idée de les imiter, viandant ainsi la carcasse d'un animal mort. Ils prirent goût à cette chair et, continuant d'imiter les animaux, ils se sont mis à chasser.

Dépourvus de grandes dents et de griffes acérées, ne sachant ni voler, ni faire des bonds de 10 mètres, ni courir à plus de 70 kilomètres-heure, nos ancêtres s'organisèrent, chassant en groupe (la chasse à courre des origines) comme le font les chimpanzés, ces proches cousins qui adorent se régaler de la chair d'autres primates, frugivores pour la plupart.

La consommation de protéines sur les charognes a offert un carburant indispensable au développement cérébral. Avec les premières prises de gibier frais, les protohumains ont pu aussi consommer des viscères, très riches en vitamines (notamment la fameuse B12 dont nous avons parlé plus haut), qui ont elles aussi développé les possibilités mentales de nos très lointains aïeux. Il y eut donc le moteur, la chasse, et l'essence pour l'alimenter : les fruits de la quête, muscles et viscères, qui permirent la croissance de l'encéphale. Se coordonner pour capturer les animaux nécessitait d'avoir recours à des gestes et des sons, qui en évoluant (et en entraînant la descente du larynx) sont devenus les embryons du langage. Nous avons aussi, au passage, fini de nous redresser pour pouvoir guetter et repérer de plus loin les animaux évoluant dans les steppes.

Dans le souci de nous perfectionner, nous avons inventé l'outil, le piège, puis maîtrisé le feu. Le volume de notre boîte crânienne n'a cessé de croître sous l'effet de la stimulation positive et d'une ressource alimentaire appropriée. Avant qu'un jour surgisse *Homo sapiens*, l'homme moderne qui maîtrisa la croissance des végétaux et domestiqua l'animal sauvage tout en se sédentarisant. La culture vit le jour. Les bases de la société dans laquelle nous vivons encore aujourd'hui étaient posées…

Ce que nous sommes n'a pu être que grâce à la chasse, à l'élevage, à l'animal utile. Celui dont nos ancêtres et nous autres, hommes modernes, nous servons pour nous nourrir, nous vêtir, cultiver nos champs, nous déplacer… Nous sommes devenus capables de penser notre environnement comme un système et non comme un fait. Et si nous pouvons penser l'humain ou l'animal, nous préoccuper de son état, c'est parce que nous sommes depuis des temps immémoriaux des omnivores et donc des carnivores. Si nous ne consommions plus de protéines animales, nos facultés mentales diminueraient et nous redeviendrions des grands singes qui à terme ne se poseraient plus de questions métaphysiques. La pensée antispéciste qui n'est plus à un paradoxe près réussirait donc l'exploit de faire retomber l'homme dans un état qui l'empêcherait de se poser la question de la souffrance et du bien-être.

Plus sensible qu'un végan

C'est grâce à ce cerveau que nous sommes capables de nous préoccuper de la souffrance végétale.

Les végétaux eux aussi souffrent. De cette souffrance particulière les végans, oubliant la dimension sensible des végétaux pourtant dotés de centaines de capteurs sensoriels, ne disent rien, préoccupés qu'ils sont de nous faire ingurgiter du soja à la place de la viande.

Les végétaux souffrent et ce n'est pas un argument fallacieux, ni même un point de vue. D'après l'un des plus éminents botanistes actuels, Frantisek Baluska, de l'université de Bonn, « les similitudes entre racines et cerveau vont très loin sur le plan structurel et moléculaire ». Il évoque même une « neurobiologie végétale ».

Pour s'en convaincre, il suffit d'ailleurs d'observer le réel. Les végétaux sont photosensibles. Ils réagissent positivement ou négativement à leurs conditions de vie : sécheresse, froid, chaleur, stress… Il y a des plantes qui se rétractent au toucher pour échapper à leurs prédateurs – surtout les insectes –, comme *Mimosa pudica*, aussi appelé « sensitive ». Ces capacités de réaction tactile restent cependant assez rares dans le monde végétal, l'immobilisme étant la règle. Et nombreuses sont les plantes qui ont développé d'autres stratégies pour ne pas être dévorées sans réagir. Les multiples espèces d'acacias possèdent ainsi de longues épines acérées afin de ne pas être abrouties par les herbivores. D'autres plantes sont devenues des poisons. Le muguet, le lierre, le gui, le laurier-rose sont toxiques. Tout comme la ciguë, ce poison cher à nos ancêtres de l'Antiquité.

Comme d'autres espèces vivantes, les végétaux communiquent. Évidemment, tout cela est très subtil. Ainsi, en 1880, Darwin déclarait : « Il n'est guère exagéré de dire que l'extrémité de la radicule se comporte comme le cerveau d'un des animaux de bas niveau. » Que ce soit par le réseau racinaire, par l'émission de gaz d'éthylène ou de signaux hormonaux, les arbres réagissent et communiquent. Les scientifiques sont prudents, et nombre d'entre eux pensent que les messages perçus par les arbres voisins de celui qui subit une attaque le sont plutôt par opportunisme que par intention de la part de l'arbre attaqué. Mais le monde végétal est sensible, et ce n'est pas notre surdité à son égard qui doit nous faire dire qu'il ne l'est pas…

Se préoccuper de la catastrophe du soja

C'est un lieu commun, repris à loisir par les « Nouveaux Fermiers » sponsorisés par Xavier Niel notamment : l'élevage bovin serait responsable de la déforestation amazonienne. Mais, dans les faits, celle-ci permet en réalité d'étendre des surfaces cultivables consacrées au soja.

Une tendance lourde qui va perdurer compte tenu des quantités de végétaux qu'il faudra produire pour tous nous nourrir quand l'élevage sera proscrit, au prix du sacrifice des derniers biotopes préservés. Car si nous ne mangeons plus les animaux qui mangent le soja, il nous faudra bien manger ce soja pour ne pas mourir de faim… La culpabilité des vaches dans la déforestation n'est qu'un écran de fumée : le but caché, c'est de nous empêcher de manger de la viande et de la remplacer par des produits brevetés.

Ainsi, les mêmes qui nous disent qu'il faut reverdir les villes, ceux qui nous imposent, là où ils en ont le pouvoir, de replanter un arbre pour tout arbre abattu, ceux-là mêmes nous vantent le soja comme alternative aux gaz à effet de serre émis par les pets de vache.

Les antispécistes et leurs amis végans veulent d'ailleurs nous servir à toutes les sauces le soja produit grâce à la déforestation d'un des poumons de la planète. Or nous savons qu'il est un piège à carbone vital pour notre maison commune. C'est le fameux « remède pire que le supposé mal » version écologie radicale.

On nous le chante, la viande cellulaire produirait moins de gaz à effet de serre que la viande des prés. La peur, savamment entretenue et amplifiée, du réchauffement de la planète, des changements climatiques, stérilise tout échange. Le scepticisme ou le simple fait de se poser des questions équivaut presque à un crime contre l'humanité. Alors nous allons entrer un peu plus ici dans l'illégalité morale… Car ce fameux poncif des gaz à effet de serre, nous l'entendons aussi à toutes les sauces pour honnir la viande et surtout la viande rouge, celle de bœuf, qui aurait deux travers majeurs. Un : l'eau douce est rare et les vaches boivent… Grande nouveauté d'ailleurs ! Et surtout, les vaches flatulent. Pour être clair, elles pètent non-stop, et en plus du méthane ! Un gaz qui favorise encore plus l'effet de serre que le dioxyde de carbone, mais moins longtemps. Si le sujet est sérieux, la filière agricole s'en est emparée et essaie de réduire les émissions causées par les bovins grâce à une ration alimentaire ajustée. Il est surtout repris par les écoradicaux pour nous expliquer à longueur de journée qu'il vaut mieux boire du jus de soja que du lait de vache ! Et que pour sauver la planète des flammes du réchauffement, il faut des steaks de soja dans les burgers, car si nous n'utilisons plus ni le lait ni la viande des vaches, plus de vaches, donc plus de flatulences bovines, et donc fini les 26 millions de tonnes équivalent CO_2 produites par Marguerite et ses copines françaises !

Derrière cette volonté d'accabler de tous les maux la pauvre Marguerite, vous aurez compris que se cachent les manœuvres antispécistes pour sortir de la notion de l'« animal utile à l'homme » ; avec en corollaire l'intention de nous proposer des alternatives végétales dont le soja, son fameux lait qui n'en est pas et ses délicieux steaks qui n'en sont pas davantage. Si les vaches étaient la onzième plaie d'Égypte et que le soja des écoradicaux était vertueux, pourquoi pas ? Malheureusement, une fois encore les antispécistes essaient de vous, de nous conduire dans une impasse à l'aide de raisonnements fallacieux. Et cela d'autant plus que le méthane produit par Marguerite se métabolise beaucoup plus que le CO_2 et donc au final est moins nocif pour l'environnement.

Une catastrophe est déjà en cours

Le problème, en vérité, c'est que ces apôtres nous ont déjà conduits dans l'impasse. Car sans avoir la cruauté de revenir sur le sujet des maltraitances alimentaires imposées aux enfants nourris au jus blanc végétal en lieu et place du lait, il faut nous pencher sur ce qu'il se passe dans les deux géants d'Amérique du Sud, le Brésil et l'Argentine. Dans le premier, la forêt amazonienne est dévastée, à un rythme effréné qui inquiète, pour faire place nette à une surface agricole utile productrice, je vous le donne en mille, de soja !

En Argentine, la culture du soja explose également. Elle se fait dans ce beau pays aux dépens des zones humides. Des marais grands comme des départements français qui sont asséchés et drainés pour pouvoir être cultivés. En termes de rétention de carbone et donc de réduction des gaz à effet de serre, là encore, les ayatollahs du soja ont tout faux. Les zones humides piègent le carbone plus efficacement même que la forêt. Leur performance serait, selon la fondation américaine Ducks Unlimited, de 30 % supérieure à celle des zones boisées. Si vous en doutez, tous les champs pétrolifères ou toutes les réserves de gaz naturel sont d'anciens marais…

Donc, pour produire du soja en Argentine et au Brésil, on détruit aveuglément des pièges à carbone d'importance majeure ; mais en plus on pollue les sols comme jamais ! En Argentine, 60 % des terres agricoles sont consacrées à la culture du soja transgénique et 300 000 tonnes de glyphosate y sont déversées par an, ce qui fait du pays le premier consommateur mondial du désherbant de Monsanto. Cela cause des malformations fœtales, des morts à la naissance, des cancers à profusion… mais peu importe que quelques gauchos et indiens rescapés meurent au fin fond de la pampa. Évidemment, pour cultiver ces champs gigantesques, les traiter et produire tous les intrants vomis sur la terre argentine, il faut brûler des millions de barils de pétrole. Mais les gaz à effet de serre émis par nos bonnes vaches françaises ne sont pas les mêmes que ceux que produit l'agriculture industrielle argentine et brésilienne. Deux poids, deux mesures, ou comment détruire et déstructurer notre beau pays en prétendant faire le contraire !

Enfin, si à cela nous ajoutons le fioul consommé par le transport de cette matière première venue de l'autre bout de la Terre, et l'énergie nécessaire pour transformer le soja en jus à l'apparence laiteuse et en faux steaks, il faut être de très mauvaise foi ou totalement illuminé pour présenter le soja comme une alternative durable et crédible au lait et à la bonne viande de nos belles vaches françaises.

ÉPILOGUE

Éviter le piège

« Il faut pour que cela marche que le fond de l'air soit urbain et collapsologue. » Comprenez « pour que le piège fonctionne ». Ces mots sont de Gilles Luneau et toujours issus de son ouvrage *Steak barbare*. C'est la raison pour laquelle les associations écoradicales entretiennent un climat de peur et diffusent savamment l'écoanxiété, l'idée de fin du monde et d'un retour en arrière impossible. Ce travail de sape des antispécistes n'est autre que le trait de charrue dans lequel sont semés les substituts végétaux ou cellulaires à la viande. Ceci entendu, et au-delà de toutes les alertes et dénonciations que comporte ce livre, il convient également de se poser sereinement la question des répercussions sur les jeunes générations. Un article du *Monde*, intitulé « L'écoanxiété, une crise existentielle pour certains adolescents », daté du 4 janvier 2022, éclaire le sujet.

L'inquiétude de ceux qui héritent de notre planète est légitime. Ce qui ne l'est pas, c'est le climat délétère entretenu par les militants qui se transforment en marchands de malheur. Leur message est clair et simple, voire simpliste : quand on ne rejoint pas leur cause, on condamne le monde à sa perte. Un raisonnement pour le moins abrupt qui ne fait qu'aggraver le schisme entre les jeunes et le terroir, entre les urbains et la réalité de la vie dans nos campagnes.

Pour ces jeunes générations, ce discours catastrophiste n'a rien d'anodin. Il joue sur une corde sensible – un présent inquiétant, une situation économique et sociale tendue – et plonge les jeunes dans une misanthropie radicale. Les nouvelles générations n'hésitent plus à parler de stérilisations spontanées, pour ne plus faire d'enfants, ne plus faire perdurer la prétendue folie des hommes. La croyance et l'espérance dans le génie humain ne sont plus des arguments mais des repoussoirs. L'homme ne peut être que mauvais et néfaste.

Pour la jeunesse, l'avenir se résume alors à une alternative caricaturale et déprimante : accepter les solutions des écoradicaux (véganisme radical en entrée, viande cellulaire en plat de résistance) ou sombrer dans l'écoanxiété. Obscurcir l'horizon des plus jeunes n'est pas le moindre des reproches que l'on peut adresser aux nouveaux prédateurs. Non contents de mettre en cause l'homme, ils en viennent à hypothéquer le futur. Une lourde responsabilité qu'ils ne peuvent éluder.

Ce qui se passe, sous nos yeux trop souvent crédules, est terrifiant. Les mêmes mains qui nous inoculent un virus, via des associations endoctrinées et rongées par le cynisme et la cupidité, proposent le vaccin issu des « agritechs » et « foodtechs » dans lesquelles elles ont massivement investi !

Ces manitous puissants savent déjà tout de nous grâce au digital. S'ils maîtrisent ce que nous avons de plus basique, de plus réjouissant, de plus indispensable – notre alimentation –, ils contrôleront tout !

Derrière les coups d'éclat des écoradicaux se joue une attaque en règle méthodique contre notre mode de vie, notre culture française et nos cultures régionales tandis que s'étale le mépris de classe pour les ruraux et ce qui fait notre pays. Le « Monsieur Sylvestre » de la World Company rendu célèbre par « Les Guignols de l'info » peut gagner la partie…

À moins que nous ne résistions. À moins que nous ne nous réveillions… La solution est en nous et repose sur un retour aux concepts fondateurs de notre République : *liberté, égalité, fraternité.*

Liberté, pour laisser nos semblables faire leurs choix. Jamais il ne me viendrait à l'esprit de forcer quelqu'un à s'alimenter d'une certaine manière. Pour être clair, si les végétariens et végétaliens souhaitent se nourrir sans protéines animales ou sans viande, qu'il en soit ainsi. Même si cela est mauvais pour leur santé. Il est hors de question, au nom d'un quelconque hygiénisme, d'imposer une manière de faire et donc de contraindre mes concitoyens.

Qu'ils se débrouillent comme bon leur semble et qu'ils me laissent, qu'ils nous laissent libres de vivre et de nous nourrir comme nous l'entendons.

Égalité, en ne stigmatisant pas des Français parce qu'ils nous nourrissent ou parce qu'ils s'alimentent comme notre espèce l'a toujours fait. Égalité en n'assimilant pas l'être humain à un sous-être, le seul dont on ne respecterait pas la nature profonde. Et donc égalité en n'interdisant pas à l'être humain, un animal très évolué, ce que l'on autorise aux autres êtres vivants.

Fraternité, en considérant l'homme comme la priorité absolue de toute action, de toute décision. Cela a un nom : l'humanisme. Avec un corollaire : le fait que si l'on souhaite s'occuper prioritairement de l'espèce humaine, il faut commencer par prendre soin de son biotope, de là où elle vit. C'est l'idée d'une écologie belle, positive, humaniste et pragmatique. Préserver les milieux et les espèces, la biodiversité, parce que cela est bon pour l'homme. Et non mettre sous cloche la planète parce que l'homme est néfaste. Fraternité, en s'occupant de la misère humaine avant toute chose.

Gardons les yeux ouverts et ne cédons pas aux prétendues bonnes intentions des écoradicaux ! Car il y a derrière tout ce mouvement antispéciste une idée liberticide aux relents d'ordre rouge et d'ordre noir. Il y a dans la pensée antispéciste un antihumanisme radical qui, grâce à cette nouvelle loi supérieure qu'est l'animalisme, entend contrôler et contraindre l'homme libre.

Vive l'écologie humaniste, bienveillante et de bon sens qui met l'homme au centre de toutes les attentions, de toutes les décisions. Une approche de l'écologie noble et vertueuse, qui en favorisant l'homme bénéficiera à tous les milieux et à toutes les espèces végétales ou animales.

Remerciements à :

Jean-Pierre M., Jean L. G., Yannick G., Thierry C., Thierry D., David G., Nicolas et Alexandra Z., Benjamin B. et Alphée B. pour leur soutien et leurs conseils avisés.

Table des matières

MIXTE
Papier issu de sources responsables
FSC® C003309

L'éditeur de cet ouvrage s'engage dans une démarche de certification FSC® qui contribue à la préservation des forêts pour les générations futures.

Pour en savoir plus :
www.editis.com/engagement-rse/

Achevé d'imprimer par
Normandie Roto Impression s.a.s. à Lonrai
N° d'impression : 2200029

Imprimé en France